隐蔽战线春秋书系 | 回忆录卷

白山黑水画人生

张梦实◎著

中共党史出版社

图书在版编目（CIP）数据

白山黑水画人生 / 张梦实著 . -- 北京 : 中共党史出版社，2020.1（2022.11 重印）
（隐蔽战线春秋书系 . 回忆录卷）
ISBN 978-7-5098-4878-4

Ⅰ . ①白… Ⅱ . ①张… Ⅲ . ①张梦实—回忆录 Ⅳ . ① K827=7

中国版本图书馆 CIP 数据核字 (2019) 第 270893 号

出版发行： 中共党史出版社
责任编辑： 吴江
复　　审： 潘鹏
终　　审： 汪晓军
责任校对： 申宁
责任印制： 段文超
责任监制： 贺冬英
社　　址： 北京市海淀区芙蓉里南街 6 号院 1 号楼
邮　　编： 100080
网　　址： www.dscbs.com
经　　销： 新华书店
印　　刷： 北京盛通印刷股份有限公司
开　　本： 170mm × 240mm　1/16
字　　数： 168 千字
印　　张： 11.25
印　　数： 12061—15060 册
版　　次： 2020 年 1 月第 1 版
印　　次： 2022 年 11 月第 3 次印刷

ISBN 978-7-5098-4878-4
定　　价： 30.00 元

张梦实（1922—2014）

目 录

家

一、父亲和母亲

1922年6月，我出生在北京，生长在一个封建大家庭里。我父亲张景惠做过土匪、清朝官吏、民国军官，日本侵占东北后，他当了汉奸，做了十年伪满洲国的总理大臣。

我家祖籍山东，代代务农，家境一直很贫寒。

就是在那个年代，我爷爷带全家从山东“闯关东”到辽宁省台安县胡家窝堡落户，继续务农。我爷爷叫张雨达，哥儿四个，他是老大。他带着全家起早贪黑地干，正常年景还能勉强维持生计，一遇灾年，就很难糊口。

我爷爷有六个孩子，三男三女，老大张景泉，中间三个是女孩，记不清名字了，父亲张景惠字叙五，排行老五，于同治十年五月初四（1871年6月21日）生，属猴。下面还有个弟弟叫张景芳。

我父亲小时候因家里贫穷，没钱供他读书，就在家帮着种田，后又帮大哥卖豆腐添补家用，每天从村西头卖到东头，最后总要给私塾的老先生留两块豆腐，这样借送豆腐就能到私塾听点课，回来后自己练练，就这样断断续续念了两三年的私塾。识字后他喜欢看《三国演义》《水浒传》《封神榜》之类的小说，受这些书里江湖义气、结帮拉伙、冲冲打打的影响，青年时好交友、赌博。他还练就了一手好枪法，不光能骑马，而且能骑着快马使双枪，当时有个绰号叫“快马张”。

有一年因卖豆腐他赌账太多，豆腐给出去了，钱总收不回来，大哥说他，他顶了几句，两人便吵起来，一气之下，他便离家出走了，到台安县城做些小买卖为生。

中日甲午战争后，清朝政府吃了败仗，更加软弱无能了，东北的统治陷于瘫痪状态，各地草泽枭雄乘机而起，占山为王，一时土匪胡子满天飞，社会上乌烟瘴气。我父亲也纠集了一帮狐朋狗友，虽然明着没有立山头，暗地里却也干上了打家劫舍的土匪勾当。但他一直把“兔子不吃窝边草”作为座右铭，要抢也不在附近抢，总是跑到比较远的地方作案，而且是专抢富人，打着“杀富济贫”的幌子，实际上是因为穷人没什么油水罢了。

1901年，八角台老秀才、商会会长张步云为了维护地方治安，想组织武装。经人介绍认识了我父亲，他一眼就看上了我父亲年轻体壮，精明能干，让我父亲到八角台负责组织团练，并委任他当了团练队队长。于是当地人称他为“爷台”，大事小情都少不了他。从此我父亲走上了戎马生涯。

任清军巡防营统领时期的张作霖

父亲当了团练队长之后，结交更广了。有一次在附近当土匪的张作霖被金寿山打败，想借道八角台投奔土匪冯德麟，在八角台碰到我父亲，二人一见如故。我父亲看张作霖带兵比他强，就极力留下了张作霖，还主动把团练队长的位子让给他，自己甘当副手。后又和张作霖、张作相等人结为把兄弟。1900年到1902年间，他们在八角台一带活动，声势越来越大。

1902年，张步云把张作霖和我父亲保荐给清朝新民府知府增蕴，“二张”同时被招安，正式成了清朝政府军的军官，张作霖任新民府管带，我父亲在他手下任哨长。1903年，我父亲又被提升为帮带。

1904年，日、俄两国在中国旅顺口开战，我父亲偏向日本方面，当时日本青木支队的边见彦勇、山口信介就曾经冒充中国人，潜在我父亲的清朝部队里刺探过俄军的情报。随着张作霖升官做了奉天巡防营统领，我父亲张景惠和张作相、汤玉麟、孙列臣等都当上了管带。

1907年，蒙古族人陶克、陶明在俄国人支持下闹独立，我父亲率清朝政府军与其作战，在一次战斗中打了败仗，被敌人追杀，情急之下闯进一家民宅，说明了情况后，这家的主妇张谨卿，让他藏进了柜子中，躲过了杀身之祸。我父亲很感激她的救命之恩，想报答她，问她要什么，她说什么都不要，只要让我嫁给你，于是张谨卿就成了我父亲的第三房太太。我父亲在之前的1891年他20岁的时候，与老家台安县胡家窝堡村里的钟氏结婚，就是他原配夫人，生有一男孩和一女孩。二房太太林氏是我父亲1903年在新民府任清朝政府巡防营帮带的时候，经朋友介绍娶过来的，二太太嫁过来不久，就因病过世了。这个三太太很能干，为人聪明有志，到张家便成了当家的夫人。她做事公正、利落，对家里上上下下的人都一样对待，家里人都很服她。可惜她没生孩子，抱养了一个女孩，起名叫“带小”，是想为张家带一个“小子”来的意思，父亲和大太太虽有个男孩，但生下来就有病，所以父亲一直盼着有个能传宗接代的男孩，后来“带小”果然给张家带来一个男孩，那便是我，给我起名“绍纪”。

1909年，父亲张景惠因为剿陶克、陶明有功，与汤玉麟、张作相等人，以现役军人身份，佩管带军衔进奉天讲武堂学习，学的是炮兵科。

1912年，袁世凯做了中华民国的大总统领，改编全国军队，张作霖任奉天27师师长，我父亲当了该师炮兵团团长，1915年又升为27师53旅旅长。

1916年6月6日，复辟后仅做了83天皇帝的袁世凯去世了，从此中国进入了军阀混战时期。

1918年，张作霖为扩张势力，令奉军进关，在离天津50里的一处叫军粮城的地方设了奉军司令部，这里因原来有个很大的清朝军队粮食仓库而闻名。我父亲张景惠为奉军第一师师长兼奉军前敌湘西司令，随后被任命为奉军副总司令，代表张作霖常驻北京。

1920年9月，北京政府又委任张景惠为察哈尔都统兼陆军16师师长。

1924年进京推翻段祺瑞政府，任中华民国临时总执政的张作霖

他同张作霖关系密切，一直在张作霖的麾下由团长、旅长、师长而升到上将军，出征过湖南，打过奉直军阀战争，作为奉天代表和吴佩孚打过交道，任过顾维钧内阁的陆军部总长，潘复内阁的实业部总长。他还做过奉军副总司令、察哈尔都统、哈尔滨特区行政长官。日本侵占东北以后，他当了汉奸，曾先后担任过伪满洲国的参议府议长、军事部部长、国务总理等职。

我的生母徐芷卿是父亲的第七房太太。天津人，家里很穷，外祖父很早就把她和她姐姐两个人送到戏班子里去学戏。在那个社会里，唱戏属于下九流，被称为“戏子”，最被人瞧不起，一般人家生活但凡能过得去的，都不会让自己的孩子去学戏。我母亲她们姐俩儿很努力，出科后，渐渐在京津一带红了起来，我大姨唱青衣花旦，我母亲唱武生。当时我父亲是奉军副总司令，正好代表奉系军阀常驻北京。他很爱看戏，一次在天津的堂会上认识了我母亲，一年后（1921年）便把她接到了家里，成了他的第七房太太。当时我父亲五十岁，母亲二十刚出头儿，差了将近三十岁；母亲提出嫁给我父亲的一个条件，就是“必须把她娘家的人全部包养起来”。当时母亲的娘家有姥姥，一个舅舅，两个舅妈，还有一个小姨，小姨是姥姥抱养的。后来我姥姥家就一直跟我们家从北京到奉天（沈阳）、哈尔滨，再到新京（长春），直到日本投降。在跟着我家的那段时期，因为我父亲的关系，我姥姥家也发了起来，有了大宅院，用上了佣人，过上了有钱人的日子，还在北京、天津等地置了不少的房产。我舅舅徐瑞庭还做了官，曾任伪奉天省参议，每月只拿钱不做什么事。

母亲人很精明，善于交际，在父亲面前也很得宠。三太太过世后，她当起了“管家”的太太。“管家”的太太要负责张家的日常事务，管理房产、地租等主要财产，还管着包括各房太太的日常生活的开销、各种公共费用等支出。佣人们的管理也归她。我母亲管家很严，尤其在佣人们面前很厉害，谁都怕她，家里的大事小事都瞒不了她，大事小事她都要管。随着地位的升高，母亲的脾气也变得暴躁骄横起来，在家里谁都不能提她过去唱戏的那段历史，她认为那是不光彩的；也从没有再听她唱过戏，我只是偶尔听到她哼过几句。

她很会赶时髦，比如当时绝大多数中国妇女还在以裹小脚——三寸金莲为美的时候，她早早地就把脚放开了，当然这主要是因为学戏，武旦不能裹小脚。她还学过日语，去过日本，我在日本留学时，她还专门去看过我。她当时有一好友叫“德太太”，会日语，所以她去哪儿都带上德太太，既是个伴儿，也可以给她做翻译。那次她到日本来看我时，也是由德太太陪着的。

作为张家的“第一夫人”，母亲慢慢地随父亲出现在各种场合，出席各种招待会。后来还借着我父亲的关系，走向伪满政界，做了伪满妇女联合会会长，还在红十字会兼职，和当时日本首相东条英机的夫人等也有来往（东条英机曾在长春当过关东军日本宪兵队长）。

另外，在某些事情上，我母亲也有她自己独特的见解。1935年，父亲任伪满洲国总理大臣后，伪满方面曾多次请父亲搬到长春的总理官邸去，但母亲坚持不搬，始终住在自己家里。她的理由是——好进难出，搬进去的时候挺体面，将来不当总理就得马上搬出来，搬出来的时候，灰溜溜的太丢面子，所以十年间我们家从没有住过总理官邸，只是在接见外宾等重大活动或者大型宴会的时候，才会偶尔利用一下。

母亲后来信佛，不光在家里供佛，烧香念经，还出去做佛事，到庙里烧香头，每次还要拿些供品，请和尚念经；过年还要吃素馅儿饺子，我记得还经常用豆芽做饺子馅，豆芽都要把须子一根根掐掉，而且一连要吃好几顿，最后搞得大家都不想吃了。

母亲很会来事，三太太管家的时候，母亲让我管她自己叫“娘”，管各房的太太按排行叫“五妈”“六妈”，唯独对三太太不按排行叫“三妈”，而叫“娘”或叫“亲妈”，这样做是为了讨好三太太，三太太一生没生过孩子，所以用孩子来巴结她。

父亲对母亲有时叫太太，有时叫安子娘（因我小名叫安子）。母亲叫父亲“老头子”，家里其他太太也叫父亲“老头子”，太太们叫母亲“安子娘”或相互按年岁大小称“姐妹”。家里的下人们1935年以前叫父亲“长官”（因当时是哈尔滨行政长官），1935年父亲当上了伪满总理，下人们也就改叫“总理”了。

二、我的兄弟姐妹

我父亲有五个孩子，三男二女，绍纲大哥和大姐是大太太生的。绍纲大哥比我大三十多岁，从我记事起，就不跟我们生活在一起，大姐也是很早就出嫁了，我没有什么印象。我还有一个同母的妹妹，小我17岁，叫“宝东”，大名是我给起的，叫张露娜，因为当时我在学俄语，“露娜”在俄语里是“月亮”的意思。她后来一直用这个名字，据说“文化大革命”中因为这个洋名字，还遭到过造反派的怀疑。

我还有一个同父异母的弟弟，是六太太生的，叫绍兴，小我13岁。

三太太抱养了一女孩，取名“带小”。“带小”是张家的二小姐，比我大六七岁，脸上有雀斑，长相平平，人非常直爽，热心肠，对父亲非常体贴，父亲也拿她当亲女儿待，我也喜欢她，小时候我最爱听二姐吃橘子时嚼橘子皮的声音。二姐为了逗着我玩儿，总是把脸凑到我耳边，嚼着橘子皮给我听。

二姐后来嫁给了一个叫吴镇中的人。他和二姐结婚后，1938年和绍维大哥一起去了日本，在庆应大学读书，可惜没有毕业就得了精神病，原因不太清楚。因不能继续学习，二姐去日本把他接了回来。后来二姐还带他来过我们家，我记得他嘴里骂骂咧咧的，什么“打倒天皇”之类的，二姐拉着他，不让他乱说，看二姐当时很苦恼。

后来二姐做生意，有了些钱，可能是家庭不幸的缘故，染上了吸大烟，但对家里人还是很好。后来我被弄到苏联后，我妻子徐明一个人带着两个孩子，东奔西走维持生活，当时二姐还说让徐明把孩子留下，她帮着抚养，可徐明不舍得把孩子给她。

父亲从苏联回来后，在抚顺战犯管理所，二姐来看过。当她听说家属可以把犯人接出去照顾时，提出要把父亲接出去，可当时父亲已经病得很重，管理所没有同意。

随着我父亲官越做越大，我大爷家由于我父亲的资助日子渐渐好了起来，因为父亲小时候，他大哥对他很好，我父亲就一心想报答他大哥对他的恩情。我大爷有一男孩和一女孩，大娘去世早，大爷又续了弦，后来我大爷也死了，父亲干脆就把后大娘、绍维大哥及他的童养媳，还有大爷的女儿一家四口，从台安县老家接到了哈尔滨他自己身边。父亲完全像对自己家人一样对他们，还让绍维大哥去日本早稻田大学读书。他不光自己这样对待他们，还让家里所有人都要这样做，让佣人们像对待我们家人一样地伺候他们，让家人们叫绍维大哥“大少爷”。

绍维大哥比我大六岁，到我家的时候，他12岁，开始上中学，因为在兄弟姐妹中，我们的年龄接近，于是交往多一些，所以很有感情。我叫其他兄长，都是在“大哥”前加上名字，如绍纲大哥、绍忠大哥，而绍维大哥我一直都习惯叫他“大哥”。我们一块儿生活多年，不仅感情上合得来，他对我的人生影

1937年，张梦实（后）和父亲、母亲及大哥张绍维在长春家的客厅里

响也最深。他早在哈尔滨念中学的时候，就接受了进步思想，后来到日本早稻田大学读书期间，参加了革命，又加入了中国共产党。他还给我灌输了不少进步思想，引导我参加革命。

大爷的女儿，我叫她“老姐”，比绍维大哥大四岁，随我家到长春后，嫁给了沈阳一所中学的一个叫周子彬的体育教员。

老姐夫足球踢得很好，年轻时是沈阳代表队的，踢边锋，有个外号叫“周大边”。他还是个有名的票友，票友是业余的京剧爱好者，不挣工资，业余演戏，他武生演得好，可能跟他练过武术有关。他还好打麻将，到我家一打就是整天整宿的，老姐叫都叫不走。人很好，就是太贪玩儿。

我老叔（张景芳）有三个儿子，有没有女孩我不清楚了，我有印象的是我老叔的大儿子，我叫绍忠大哥，大我十几岁，老二绍连和老三绍朋我没有接触过。跟绍忠大哥的儿子张兆琪，因为年龄接近，来往比较多，尤其我去苏联的五年间，他挣钱贴补家用，帮着徐明维持家计。当时我和父亲被苏联抓走了，母亲又离开张家，只有徐明以“少奶奶”的身份撑着张家，除了孩子和带孩子的老妈子，还有像马连荣等无家可归的佣人们，都没工作，一大家子只靠徐明变卖点东西维持，后来因兆琪会画画，考到当时的长春电影制片厂（前“满映”）画广告，把工资全部交给徐明（他叫二婶）贴补家用。后来有了女朋友，徐明劝他结婚，他怕结婚后帮不上家里了，就把婚期拖了很久。后来长春被困，工作也丢了，生活所迫，他倒卖烟土，被国民党抓住，因没钱赎他，被枪毙了。徐明后来都还念叨，当时她到处奔走找钱，没凑够，可惜了兆琪。他留下个儿子叫张申，我们一直都有来往。

再说说徐家，我姥姥生有两女（我母亲和她姐姐）、一男（徐瑞庭）。舅舅徐瑞庭原配无子女，又娶了二房生了三男一女：老大叫徐维垣，老二叫徐维俊，老三叫徐维绣，老四是个女孩叫徐维兰。我们跟老二徐维俊最熟，他经常来我家玩，有时和我姐夫打麻将。小时候他爱尿床，我们便给他起外号叫“尿包子”。1945年日本投降后，没事儿干，一直在我们家混着，后来被大哥带到佳木斯参加了革命工作。稍后徐瑞庭又娶了第三房，生了八九个孩子，我只记得第一个男孩叫徐维诚。虽然我的表兄弟姐妹不少，到后来真正同我有联系的只剩表妹徐维兰一个人了。此外，还有一个大表哥徐维垣的女儿娜喜，还同我有些联系。

三、干亲

我还有一些干亲戚。封建的旧中国很讲究用结拜兄弟姐妹，让孩子认干亲的方式来拉关系。江湖上的一些人交朋友也用这种形式，俗称“拜把子”，像张作霖和我父亲等。还有就是因我家的特殊地位，有权有势，有很多人想巴结我父亲，认干亲也就成了这些人的一个手段。所以我父亲有好几个干儿子，我知道的就有伪满大臣于镜涛，还有一个姓范的大地主，我和他接触不多，但和他的儿子很熟悉，他的儿子是我同期的日本留学生，叫范柏龄，后来还是我介绍他参加了革命。我和他的年龄差不多，后来常跟他开玩笑说，按辈分他应该叫我“叔叔”。

另外，我母亲那边也有结拜的姐妹，早年在唱戏时，有个也是在京津一带唱京剧的姐妹，和我母亲认了干姐妹，我叫她“干妈”。我干妈的丈夫叫毕福庭，是个政治掮客，在东北一带的大官僚中串来串去，拉关系当说客，是个不大不小的名人。我干妈生有两男四女。老大我叫他“五哥”（大概他在大排行里是老五），是个有名的话剧演员，在电影《林海雪原》里演座山雕；老二我叫他“八哥”，“八哥”很有才气，二胡拉得特别好，那时候没有全国性比赛，否则一定会得奖的。因为吸毒，很年轻就死了。

我干妈还有四个女儿，三女儿长得很漂亮，当时我母亲和我干妈有意把这个女儿嫁给我，因为比我大一岁，后来好像因为属相不和，就没有再提。再有就是最小的女孩叫毕鑫，她叫我“二哥”。

徐明一直和干妈的小女儿有来往，在我去苏联时期，也是徐明最困难的时候，毕鑫陪着徐明并帮着带两个孩子。她是我们除绍维大哥以外走得最近的亲戚，虽然没有血缘关系，但关系好得胜过了一般亲戚。她一辈子没结婚，逢年过节就到我们家，我们家的孩子们也都跟她特别亲，一直都有来往。

还有一个母亲的干女儿在北京，是北京政治掮客洪维国的妻子，我叫她“洪姐”。洪维国来往于各大军阀和日本人之间，洪姐听说我母亲要为我找媳妇，她马上活动起来，穿针引线，积极为我安排到北京相亲。

四、李春

我1922年6月出生在北京。

我出生的年代正是中国军阀混战时期，当时主要有以曹锟、吴佩孚、冯玉祥为首的直系军阀，以张作霖、张景惠、张作相为首的奉系军阀，和以段祺瑞为首的皖系军阀等。

父亲在我出生后，为我取了个小名叫“安子”。在那个年代父亲用这两个字，想是反映了他当时的一部分思想，或许是希望家里安泰，或许表达了他对自己戎马一生，对战乱开始厌倦的心态。

我的出生，父亲非常高兴。一是他五十多岁得子，继绍纲大哥后，他多年再没有过孩子，而且我们家男孩就是我和绍纲大哥俩儿，绍纲大哥又是个残疾人，不能生育，让他很伤心，我的出生，使张家的烟火又可以延续了。于是父亲对我倍加疼爱，我过着饭来张口，衣来伸手的生活。由于随时都被人伺候着，直到七岁左右，上完厕所我还不会系裤带，都是别人帮我做的。

小的时候，在我的生活中，除了三个家庭教师外，还有一个“先生”就是李春。李春是我家的一个佣人，原来是专为父亲剃头的，后来进了城，父亲去了理发馆，用不着他了，但父亲看他很机灵，就把他留在了家里做些杂事。后来等我稍微长大些了，就当了我的跟班。生活中除了有丫鬟和老妈子伺候外，我到哪儿他就跟我到哪儿。在我刚记事的时候，就一直和我在一起。

我的家庭很特殊，一直到十几岁我还和我父母住一个房间，但很少跟他们见面，早晨我醒了，父母已不在了，我起床后就跟李春在一起，直到晚上该睡觉才被李春送回父母的房间，有时晚上偶尔能碰到母亲，但父亲几乎见不到，因为他们睡得很晚。父亲没有时间来陪我，母亲也很少有时间，实际上他们不是没有时间，因为他们有钱有势，自己懒得做，就让佣人们来管。父母为了自己的孩子，怎么会挤不出时间呢，只是他们不想而已。所以我和父母没有什么感情，反而和李春很亲，我一直叫他“李哥”。

虽然和父母之间接触很少，感情不是很深，但在物质上他们都是尽量满足我。因为没有小朋友玩儿，小时候我的玩伴儿都是大人，管家、佣人们凭他们自己的爱好，不停地把我带出去下馆子、看戏，后来我自己喜欢上了电影，我的活动内容就主要是围绕着这三样了，每次都是坐车去坐车回。所以我的童年玩具很少，也没什么朋友，我想干什么就干什么，想吃什么就吃什么，周围的人都听我的。这样的生活，使我对社会知道的很少，我以为人人都和我一样，这种生活是理所当然的。是李春以他丰富的阅历，尤其是他亲身经历过的社会底层老百姓生活，才使我懂得并非人人如我一样。我刚开始懂事的时候，李春告诉我，什么是有钱人，什么是穷人；穷人会连肚子都吃不饱，会因没有衣服穿而受冻，会一辈子没下过馆子，没进过戏园子，穷人的孩子会因没钱连学都上不起。在我稍稍长大以后，他还给我讲些三教九流的事，像拉黄包车的、卖假药的、逛窑子的、唱戏的。有时还会带我出去到贫民区走走，看什么是穷人，看看他们的生活。他是个大老粗，也不懂什么该讲什么不该讲，反正哄着我不闹就行。当时很多是半懂不懂的，但确实是既新鲜又震惊，这些人和自己生活得截然不同，大多数人生活在另一个世界。是李春让我真正懂得了除了我家的小圈子，外边还有个更大的、五花八门的社会。

五、皇姑屯事件

1926年第二次直奉战争，奉系战胜了直系，奉系成了北方最大的军阀。1926年底，张作霖进京，成立了安国政府，自任陆海空大元帅，代表中华民国行使权力。我父亲相继任陆军总长、实业部长等职。

1928年，我六岁，广州北伐革命军逼近北京，各路军阀被打得落花流水，奉军也连吃败仗，形势所逼，奉系军官们纷纷准备撤退，我和我母亲也被送回了沈阳老家。

同年6月2日，在中南海西花园，张作霖对我父亲说，继续主政北京已不可能了，为保存实力，决定撤回东北老家。6月3日上午9时，我父亲和张作霖坐上了当年慈禧太后的蓝钢花专列火车，离开了北京车站。专列共有22节车厢。

1928年6月4日，列车在奉天近郊的京奉线皇姑屯老道口被炸，是日本人

1928年6月4日，皇姑屯三洞桥铁轨

在与京奉线交叉的南满铁路桥上放的炸弹，第八节贵宾车厢前后是炸得最狠的，不仅仅是炸，在爆炸的同时上面的铁路桥也砸了下来，可想日本人的计划是多么周密。同车的吴俊升夫妇当场被炸死，张作霖当时没死，受了重伤，经抢救无效，当天死在了沈阳的大帅府。我父亲也被炸伤了，是他的一个叫马连荣的警卫，把他抢出来，背回了沈阳老家。这就是中国历史上著名的皇姑屯事件，是日本关东军最初侵华的一次大行动。

父亲被背回来时浑身是血，头上缝了好几针，因伤得不是很重，很快就恢复了。

父亲为感谢马连荣的救命之恩，后来一直把他养在家中，做个挂名的副官，不管什么具体事务。他一辈子也没有结婚，一直跟着我们家。1946年得了霍乱，死在我们家。

1928年7月，张学良接替张作霖做了东三省保安总司令，11月委任父亲做"东三省特别行政区"长官。其管辖区以哈尔滨为中心，西起满洲里，东至绥芬河，南至长春的中东铁路以及沿线两侧11到15公里以内的附属地。行政区拉得很长，而且沿线是当时东北地区的经济命脉。行政长官还兼任护路司令，权力很大。

“东三省特别行政区”是当时中国政府为逐渐从俄国（苏联）政府手中收回中东铁路及附属地主权而设立的一片特殊区域。1896年，沙皇俄国逼迫清政府签订不平等条约，条约规定：中国租借给沙俄大片土地，用来在东北修建并兼管铁路，这就是最开始中东铁路的前身东清铁路，并且还把铁路两侧的十几公里以内的土地划给俄国做中东铁路附属地，附属地的主权归俄国，附属地内有军队、法庭。事实上，这就相当于中国领土中的一个大租界。1917年俄国革命后，对中东铁路附属地的管理有所放松，但对铁路的管理权一直控制很严。

张学良很想收回中东铁路，所以选了我父亲担当此职，他信任他的这位盟叔和他父亲的老臣。

1928年12月，张学良东北“易帜”，就是把奉军的旗帜换成了青天白日旗，表明他从奉系军阀自治改为接受南京国民政府（蒋介石）的管辖。

哈尔滨

1928年，我六岁的时候，父亲被任命为东三省特别行政区长官，因东三省特别行政区长官公署在哈尔滨，所以我们家由沈阳老家分出一部分随我父亲到了哈尔滨定居，一起去的有三太太家，六太太家和我们一家（七太太），只有四太太留在了沈阳的老家。还有绍纲大哥也留在了沈阳，管理着我们家200多间房产。

我们到哈尔滨住在南岗花园街的长官官邸，这是一座米黄色的俄罗斯

1928年至1935年张梦实在哈尔滨的家

风格的三层楼房，建于1908年，是俄国人为东清铁路局局长建的。据说建筑面积有3 600平方米，还带有一个小花园，这小花园足有一个足球场大小，我都可以在里面骑自行车，园里还带有一片小树林。傍晚可以听到南岗喇嘛台的钟声。

哈尔滨是因为修建东清铁路（中东铁路）而由一个小镇飞速发展起来的国际城市，外国人很多，其中俄国人最多，当时就有十几万，还有日本人、朝鲜人、波兰人等，再有就是多国籍的犹太人。因为当时包括俄国在内的很多国家都歧视犹太人，对犹太人有很多不合理的限制，人种迫害很严重。而哈尔滨对他们并没有什么特别的约束和歧视，所以大批的犹太人从各国涌入哈尔滨。

1917年的俄国十月革命，建立了第一个社会主义国家苏俄，使革命前来哈尔滨的旧官僚、资本家们怕回去被革了命，因而不敢回国，便留在了哈尔滨；还有一部分地主、资产阶级，被苏维埃政权没收财产，扫地出门，这批人也涌进了哈尔滨。这两种人就是我们说的“白俄”；与之相反，“红俄”也叫“苏联人”，是指1917年革命后，苏俄政府派出的总领事馆、贸易公司、中东铁路管理局干部、职工，包括家属，也是很多的。

当时人称哈尔滨是“小莫斯科”，是“东方小巴黎”，这确实不夸张。哈尔滨不像北京、西安那么古老庄重，也不像上海、广州那样，在大城市中点缀着各国的租界，有中有洋，哈尔滨是在沙皇俄国统治时期为了修中东铁路，随着大批俄国人的涌入而逐渐发展起来的俄式城市，所以到处都可以见到俄国东正教堂、犹太人教会、俄国式的住宅建筑、俄国式的商业街，等等。整个城市像在俄国，是个殖民地城市，城市本身就是个大租界（我指的是哈尔滨道里和南岗，至于道外还是中式的老街）。

由于在那个特殊的形势下，大量的财富涌进了哈尔滨，尤其是随着大批犹太人的进入，其中很多没有故乡或虽然有但没法回去的有钱人，把哈尔滨当作故乡来投资建设，办了很多大公司，建设了自己民族风格的教堂、商店、住宅。沙皇俄国政府还按照俄国的城市规划，办了十三所医学、技术方面的高等学校和九个研究所，还根据沙俄时代的教育模式，开设了三所音乐学校，两所芭蕾舞学校，还有一个哈尔滨的交响乐团。俄国人为了生存，通过各种民族协会、社团组织，与中国政府和当地的中国人积极交流，尽量搞好关系。

哈尔滨另外有十个国家的领事馆，有几十个国家的人住在这里，没有什么界限。不光在工作上，生活上互相合作，还互相通婚（除犹太人外），以求共存。他们在这里做生意、搞情报，进行政治交易的同时，把资本主义也带了进来。这里既有手工作坊，又有资本家的工厂、公司，有银行，也有当铺钱号。可以说它是一个半封建半殖民地的中国社会的缩影。

当时哈尔滨不仅经济上发展快，思想领域也是五花八门，有殖民地的，有封建的，有资本主义的，也有从第一个社会主义国家苏联带来的共产主义，还是比较活跃、开放的。

我们家原是一个封建家庭，它不仅带有浓厚的封建色彩，且掺杂着军阀们特有的那种愚昧和蛮横。然而到了哈尔滨，也同样顶不住那股不断袭来的强劲的资本主义“洋风”。以前我们家一向是不过阳历年，不吃西餐，不穿西装的，来到哈尔滨后，阳历年也过上了，西餐也吃了，西装也穿上了。可笑的是，过阳历年的时候，还总要买上一棵外国人过圣诞节用的小松树，放在家里的一个角落里，再挂上一些红红绿绿的小灯和各种玩具，把圣诞节和新年混在一起过“洋年”。

说起家里吃西餐，开始是去西餐店吃，后来我父亲嫌出去吃麻烦，想吃的时候就把西餐店里的厨师请到家里来做。最后干脆雇了一个专门的西餐厨师，想吃的时候，跟厨房说一声就可以了。

平时家里吃饭都是由管家的太太（开始是三太太，后来是我母亲）负责管理伙食，各房太太按自己的喜好吩咐厨房做，做好了由丫鬟们端到各自的房间里去吃，老爷子愿意在哪房吃就去哪房。我们家可能人太多，大师傅做得不是很精，虽然不是很难吃，但实在太一般了。我舅舅家的饭做得很好，记得小时候有时母亲会带我去舅舅家里吃。

平时吃饭很随便，各吃各的，但吃西餐的时候，全家都要聚到一起，在形式上团聚一下。不在餐厅吃，而是在一个玻璃花廊里摆个长长的桌子，上面铺上白色的桌布，不管用不用，桌子上要放上餐巾、高脚杯、西餐用的刀和叉。我记得常吃的西餐会有炸猪排、牛排、红菜汤、奶油沙拉，印象比较深的是桌子正中总是会有一只小乳猪，白白的，感觉好像不是烤出来的，但味道很好。因为家里有了西餐厨师，所以经常吃西餐，几乎每月都吃一两次。

哈尔滨不仅有苏联的总领事馆，中东铁路局的总部也在这里。中东铁路局的干部、职工有近万人，加上家属要有几万人，是个相当大的苏联人群体。因此，苏联在这里的影响也很大。当时哈尔滨的教育界、文艺界都是比较活跃的，尤其哈尔滨政法大学更是民主势力同腐朽势力斗争最激烈的高等学府，也是进步力量同反动势力争夺青年一代的前沿阵地。

离我家不远，就是苏联驻哈尔滨的总领事馆。我遛弯儿的时候，常常经过那里，在那米黄色大楼前面的旗杆上飘着一面红旗，上面有两个交叉着的镰刀和斧头，那红旗飘在蔚蓝色的天空下十分好看。

“为什么那旗上印着一把镰刀和斧头？”有一次我好奇地问大哥（即绍维大哥，后改名为丁非）。

“斧头代表着工人，镰刀代表着农民，表示苏联是工农掌握政权的国家。”他说。

“掌握政权是什么意思？”我第一次听到这个词儿。

大哥挠了挠头，显然不知道怎样才能简单地解释清楚。我们又往前走了一会儿，他才想起来说：“掌握政权就是说了算，懂了吗？”

我似懂非懂地点点头。

从这以后，每当我路过那里的时候，必定要向那面红旗瞧上几眼，似乎那里隐藏着无穷的神秘和奇异，对一个孩子来说，再没有比这更富有魅力的了。

一个星期六的晚上，母亲带着小姨、我，还有母亲的贴身丫鬟小凤姐，一起去铁路俱乐部看苏联芭蕾舞。

我们坐在楼上的一个包厢里，不一会儿，灯光暗下来，演出开始了。一男一女两个演员，男的穿紧身衣，女的穿短裙，伴着音乐的旋律跳跃，旋转，男的还不时地把女的托举起来。后来又出来好多女演员，跳呀跳呀——因为不懂，我都要睡着了。小凤姐似乎很感兴趣，我想她也绝非因为看得懂而感兴趣，只是新奇罢了。又看了一会儿，母亲也觉得没有意思，我们就走了。芭蕾舞没有留给我什么印象，只有音乐，那悠扬悦耳的音乐，却久久萦绕在我的耳边，好像一个清晨的短梦，那么香甜温馨。

小凤姐在回来的路上，为了迎合母亲说芭蕾舞没有意思。可是到家后，见到其他的小姐妹们却说："可惜今天没看完，舞跳得特别好，布景也漂亮极了！"她就是这样，见什么人说什么话，尤其在我母亲面前，为了讨母亲喜欢，她总是顺着母亲说，母亲说是黑的，她绝不说是白的，就是这样她达到了目的。母亲认为她"聪明听话"，很信任她，所以把仓库里的皮箱钥匙大部分都交给她掌管，其他丫鬟都背地里叫她"二当家"或者"太太的影子"。

我喜欢养狗。在北京就养了一只长毛的哈巴狗，一直带在身边，它是一个太监送给我的，因为它喜欢吃栗子，我给它起了个名字"小栗子"，我们搬家我也就把它带到了哈尔滨，一直跟了我十几年。后来它被猫把一只眼睛抓瞎了，成了"独眼龙"，但我一直还很疼爱它，它爱吃什么就给它买什么，它成了我家的特殊一员。

到了哈尔滨，家里院子大了，除了"小栗子"外，我还养了几只狗，有别人送的，有被人遗弃在大街上，我看着可怜，捡回来的。最后越来越多，没办法，就在花园的角落里盖了个狗房，最多时养了14条狗。

还养过一只小熊，它很爱爬树，我一有时间就观察它爬树，最初它不知道哪个树枝能撑得住它，爬到细树枝上的时候，树枝一断，它就摔了下来，当摔过几次后，它就不再往细树枝上爬了，它很聪明。它还非常喜欢和人在一起。我们家后院有个花园，花园里有片小树林，它平常大半时间是在树上待着，只要看见有人来，就会马上下来和人玩儿，最爱围着人转，咬着裤脚，啃人的腿；开始小没有牙啃啃还挺好玩儿的，可后来长大了，牙也长全了，啃人还挺疼，最后家里人都怕它，谁也不敢和它玩儿了，没办法只好送给了哈尔滨动物园。

小时候因为家里的过度保护，不让我出门，不让我和其他的孩子玩儿，所以我也没什么小朋友，这些小动物就是我的小朋友，给我的童年带来了无穷的乐趣，留下了很多美好的回忆。

六嫂

1929年，哈尔滨那年冬天特别的寒冷，卷着雪花的北风吹到脸上像刀子刮似的。街巷两侧堆着厚厚的积雪，映着太阳晃得人睁不开眼。

有一天，我到母亲房里玩儿，父亲在抽水烟。不一会儿，绍纲大哥领着一个年轻的姑娘走了进来，接着对那姑娘说："这就是爸爸，妈妈。"

那姑娘叫了一声"爸爸，妈妈"，又对两位老人各磕了个头。父亲没有理睬，仍旧咕噜咕噜地抽他的水烟；母亲打量了那姑娘一眼说："行了，以后好好跟着大少爷过日子。从今天起，你就是我们家的人了，要遵守我们家的规矩。"接着母亲又对我说："见见，这是你六嫂。"

我深深地向她鞠了一躬，她也还了礼，随后跟绍纲大哥就出去了。

六嫂就是这样到了我们家。她和绍纲大哥的婚礼也就是这么简单，只给老人磕上一个头便算了事。那个时候大凡从妓院领出来的姑娘，都没有正式举行什么婚礼的。更何况她已经是绍纲大哥的第六个姨太太了。

六嫂叫什么名字不知道，反正我叫她六嫂。听说她身世很苦，从小就没了母亲。父亲喝酒赌钱，没有钱就把女儿卖了，后来又被人贩子转卖到沈阳的一家妓院里。绍纲大哥认识她不到一年，就用几百块现大洋把她从妓院里赎了出来。那年她还不满二十岁，绍纲大哥已经四十多了，年龄的悬殊且不说，外貌上的反差更是令人吃惊。

绍纲大哥年轻的时候就抽大烟、赌钱、逛窑子，什么都干，就是不好好念书。后来染上性病，把整个鼻子都烂掉了，成了残废。在鼻子的地方只剩下豆粒大的一个小黑孔，周围的皮也皱到一块儿去了，整个面孔变了形。上嘴唇向上揪揪着，使他的嘴唇合不拢，露出两颗黑黄色的大牙，两只眼睛也只有正常人的三分之一那么大，样子很可怕。所以他外出的时候，一年四季总是用一条白手绢捂着脸的下半部。肉体上的伤残影响着他的心理状态，改变了他的性格。以前他是个胆小怕事、非常谨慎的人，可随着后来病越来越重，他也变得越来越粗暴了，仿佛总有一股无名火，打人骂人是常事。佣人们都怕他，背地里又都骂他。他的太太和几房姨太太、丫鬟们，见了他就像耗子见到了猫，一不随心或哪点儿没伺候周到，他就大发雷霆，打骂不算，有时还要处以特殊的刑罚。把门锁上，然后叫她们只留一件短裤，全部脱光，随后用大烟签子，专扎那些穿上衣服就看不到的地方，穿上衣服就跟什么都没发生似的，可身上痛得钻心。

六嫂长得标致俊俏，一双水灵灵的大眼睛，一笑印出两个淡淡的酒窝，妩媚而不妖冶，风韵而不娇俗，走起路来轻飘飘地带着一阵风。这么一个如花似玉的女人，竟嫁给了三分像人七分像鬼的绍纲大哥，实在是“一朵鲜花插在了牛粪上”，活活糟蹋了。这美与丑的强烈对比，不免令人想起法国作家雨果笔下的那个漂亮的吉卜赛女郎艾斯米拉达和丑怪的敲钟人加西莫多。然而这里却有一个很大的不同，那就是加西莫多虽说外形丑陋，可他心地善良；而绍纲大哥不光外形丑陋，心术也不正。

“六嫂，我看人家的年轻媳妇都爱搽胭抹粉的，你为什么不打扮打扮？”我好奇地问她。

“老啦呗。”她说着眼眶里闪着晶莹的泪花。

我反驳她说：“瞎说，你还年轻，一点儿也不老。”

她笑了笑，嘴角边儿印出两个淡淡的酒窝，用手指着她自己问我：“你看，六嫂不搽胭脂抹粉，难道就不好看？”

“好看，好看。”我不得不承认，她不化妆的确也同样美，而且别具一番淡丽的风韵。

然而母亲看不惯。有一天说她：“年轻轻的总要搽点粉，看上去也火爆点儿，不要老是寡里寡气的。”

从那以后，六嫂才淡淡地施了一点脂粉，那完全是为了应付母亲。打扮是爱美的表现，也是给人家看的，可六嫂哪有这种心情，又给谁去欣赏呢？她十天半个月也不出去一次，整天待在房里伺候绍纲大哥抽大烟，活动范围就是那么一点点。

不算六嫂，绍纲大哥原本有五房太太，后来死的死跑的跑，只剩下老二和老五两个。这两个人不是和六嫂吵，就是她们两个互相打骂，好像吃饱了饭，抽足了大烟，吵嘴骂人就是她们的营生。六嫂总是躲着，即使骂在她的头上，能忍则忍，除非实在忍不过了，才还上几句。我没少碰到六嫂一个人躲在房里偷偷地哭，绍纲大哥自然向着她，但又不便公开袒护，谁叫她排在老六呢。论实际地位，六嫂在我们家的地位算是最低了，连小凤姐都不如，别看人家嘴上称她“六少奶奶”，可谁也没把她放在眼里。

我看到这些心里很不舒服，觉得大家对六嫂太不公平了。本来她和绍纲大哥生活在一起已经够不幸了，再加上二嫂和五嫂对她的欺辱，人们的冷遇，她的心理该是个什么滋味呢？她能承受得了如此沉重的痛苦和压抑吗？她本该像母亲所说的“火爆一点儿”，可她又怎么能火爆起来呢。人家像她这般年龄的女人要追求的东西多着呢，但她整天陪伴着那个“活鬼”，又能追求什么呢？

青春的梦早已破灭了，她只有眼巴巴地看着自己的青春一日日一年年白白地流逝过去，以至消尽。

我们家虽在哈尔滨，但在沈阳还有自己家的老宅子和二百多间出租的平房，绍纲大哥就常年住在沈阳，看管着那些房子，靠收房租生活，他也常来哈尔滨，有时也带着六嫂。

我八岁那年夏天，有件事至今我还记得。那是小姨结婚的那天，小姨嫁给哈尔滨某银行董事长的大少爷，他比小姨大十几岁，是二婚，前房老婆一年前死了。婚礼是在哈尔滨最大的一个饭店“马迭尔”举行的。那天我很早就起来了，因为心里总是嘀咕着睡不着，婚礼定在十点半举行，不到十点客人们就陆续到了。当时父亲是哈尔滨特区行政长官，长官的小姨子结婚，自然非同一般，哈尔滨的军、政、经、学、商各界的头面人物差不多都来了，还有一些社会名流和交际花。交际花们自不必说，那些年轻的太太、少奶奶、小姐们也都一个个打扮得花枝招展，镏金玉翠，大概都想借此机会出出风头，显示一番吧。偌大的一个餐厅，刹那间变成了一个时装展览，一个竞美大厅。那些交际花们更是一个个如鱼得水、走来摆去，伴着笑声、伴着人们迷醉的眼神，那种卖弄而又得意的神态，似乎在对人们说：“你们看呀，我是多么的迷人啊！”

我心里想：“你们不要太狂了，等我六嫂来了比比看。”

我急切地等待着六嫂的到来。是的，对一个孩子来说，大概最有吸引力的莫过于比试优劣和较量了。

“六嫂来吗？”我问母亲。

“来呀。”

“那为什么现在还不来呢？”

“她要伺候你大哥抽完大烟才会来的。”

我从来没有像那天那样对绍纲大哥感到厌恶和气愤，仿佛他就是个魔鬼的化身，他在吸着六嫂和周围人的血。

过了一会儿，六嫂来了。她淡淡地化了妆，穿了一件葱心绿的短袖旗袍，白色皮凉鞋，耳边飘垂着两颗闪光的宝石耳环，随着她轻盈的脚步微微地摆动着。

喧闹的大厅忽然静了下来，人们的目光一下子都聚拢在六嫂的身上，被她那惊人的美貌吸引住了。

“真漂亮，谁家的？”

“没见过。”

人们瞪眼，咋舌了，叽叽喳喳互相打听着、耳语着。曾几何时，那些自命不凡的交际花和小姐、太太们还在显示姿色，卖弄风情，转瞬间已经黯然失色，一个个呆呆地坐在那里，用惊异、嫉妒的目光望着六嫂，这个从未在交际场露过面的少妇。有道是“嫩绿枝头红一点，动人春色不需多”。

看到这个场面，我高兴极了，什么太太小姐，什么交际花，去他的吧。六嫂以她惊人的美貌征服了整个大厅，也可以说征服了哈尔滨的整个社交界。不知为什么，我为她感到自豪，我仿佛第一次尝到了胜利的滋味，又似乎得到了一次最大的满足和安慰——可见“美”并没有高贵和低贱之分，而且还往往可以突破世俗与偏见的防线。

就在当天的晚上，我做了一个奇怪的梦。梦见绍纲大哥死了，躺在地上，从他那一个小鼻孔里往外喷着血，喷得老高老高的，六嫂从那边走过来。她走到绍纲大哥的跟前看了看，微微笑了笑，随后坐在一朵玫瑰花上悠悠地飘走了，飘向那很远很远的一定是开满玫瑰花的地方——醒来方知是个梦。

又过了多长时间记不清，六嫂去世了。说是痨病，死前咳得很厉害，死后埋在沈阳郊外的一个什么地方。在我们家里，我最喜欢的是六嫂了。她从不像二嫂、五嫂那样欺软怕硬、胡搅蛮缠，也不像小凤姐那样见什么人说什么话，专会讨好，八方做好人，六嫂对谁都是一样，爽直热情，喜怒哀乐都明明白白地表露在脸上，心里怎么想，嘴里就怎么说，而且心地善良。听说有一次，一个丫鬟手里捧着一个打碎的花瓶，哭着去找六嫂，跪在她的面前说："这花瓶是我打扫房间时不小心打碎的。"

"你不知道这花瓶是大少爷的心爱之物吗？"六嫂生气着说。

"知道知道，可现在怎么办？少奶奶救救我吧，往后我一定注意。"丫鬟恳求着。

六嫂想了一下说："好吧，大少爷要是问起来，你就装作不知道，我来应付。"

晚上绍纲大哥果然问起花瓶的事，六嫂揽过去说是她打碎的，这样那丫鬟才躲过了一场酷刑。

我最喜欢听六嫂讲故事。她讲起故事来声音不大，但是带着感情的，很有些感染力。同时她也是我的一个最好听众，有时我把听来的"大闹天宫"啦，"武松打虎"啦，讲给小凤姐她们听，不过她们总是一边听，一边说话，爱答不理的、漫不经心的样子，大概一个孩子讲的故事引不起她们的兴趣吧。然而唯独六嫂不同，她总是听得很认真，常常是一只手擎着下巴颏，挑着眉梢，两眼略微眯眯着，那样子挺好看的。听到逗乐处，她就像个孩子似的咯咯地笑起来，后来不管别人怎样让我讲故事，只要六嫂不在，我就不讲，因为那些人似听非听的样子实在是伤了我的心，我本来是个自尊心很强的孩子。

如今六嫂成了我们这个家的殉葬人，一个最年轻的殉葬人。

六嫂去了，再也见不到她那锁着心事的双眉，再也听不到她的故事了。六嫂去了，我没有什么神术佛法可以留住她，只能凭祭一缕哀思。

六嫂，这幕封建大家庭悲剧中的一个小小的插曲，总算结束了。正如千千万万这样的小小插曲一样，在人们的记忆中很快就消逝了，我们家从此以后再没有人提起六嫂，然而我的心却久久不能平静。六嫂离开了人世，似乎也把我们家的“美”和“善”带走了，仿佛也带走了新绿的春天，自从她去世后，我们家叫人感到更加的荒凉灰冷，没有一点点闪亮的东西。

我的“小学”

家里怕我被绑架，所以一直没有让我上小学，而是请了一位姓郑的先生到家里来教我语文、算术，他是哈尔滨政法大学的在校学生。同时还请了一位俄国女人，是革命前来的、有些文化的“白俄”，一方面照顾我的生活，一方面还教我一些俄语。学俄语在当时哈尔滨的上流社会是很流行的，就像从前沙俄时代的贵族们学法语一样，被看作是一种有教养和时髦的标志。我的俄语就是从那个时候学起来的。

家里还给我请了个武术教师，教我武术，防身健体，因为我小时候身体比较弱。武术老师是山东人，叫刘多山，听说还是个挺有名的武把式，教我拳术和刀术。他教得很认真，每次上课都要先压腿、蹲桩，做各种准备活动，然后再复习前一天学过的动作，最后再教几招新的，每天练，练了四年多，我还真学完了一套刀术和几招拳式。

我印象很深的是刘先生吃饭很特别，我们家对先生还是很客气的，想吃什么都会有的，可刘先生每顿饭总是两个大馒头，两个水煮大虾蘸酱油吃，不吃菜也不喝汤，很少换样。而且总是用一只手掐着两个大馒头，似乎吃饭都要摆出个武术架势。

我家有个管家叫马振泰，他在大姨和母亲唱戏的时候是“跟包”的。当时唱戏的大部分是“个体户”，要自己跑戏场去给人家唱。行头什么都要自己准备，所以只要稍有点收入的戏子，就要雇个人给拿个行李，休息时给端个茶、递个手巾，这种职业就叫“跟包”，是伺候伶人的，也是一个被人瞧不起的工作。母亲嫁到张家以后，他作为母亲的一个亲信也跟了过来，给他一个管家的名义。其实他什么也不懂，别的什么也不管，专门负责我的生活，因为母亲觉得只有把我交给他才放心。除了上课以外，我每天的绝大部分活动，都是由他安排或者得征得他的同意才行。每天早饭前空着肚子，就得先喝一碗金银花、胖大海煮的水，说是为了清火，除了夏天我可以吃点西瓜外，其余的水果差不多都在被禁止之列。马振泰坚信着中医“禁食生冷”的学说，他又发扬光大，派生出来一些奇怪的观念，给他的禁令做理论根据。玩儿呢，也只有看戏、看电影和吃馆子，这些根本也不是一般小孩儿玩的，可家里又不放心我一个人出去玩，所以只有听马振泰，就是这三项活动的不断循环，很少换样。因为在马振泰的头脑里所能想到的也只有这些了。

1930年3月5日，国民党中央常务委员会增选，父亲被选为中央政治会议委员，蒋介石又委任他为国民政府军事参议院院长。不久父亲带着六太太、七太太进南京赴职，说是赴职，他也就是走走过场。到了南京，蒋介石、宋美龄亲自请他们吃饭，为他接风洗尘。我父亲也没真在南京待下去，他知道那只是个闲位置，没有任何实权。所以在1931年的农历五月，他借过六十大寿为名，回了东北老家，虽然后来还在国民政府里挂着名，但是再也没去过南京。过六十大寿的时候，因为爱听戏，特意从北京请来了马连良等名角，到家唱堂会。

"九一八"

1931年，九一八事变爆发了。

一天，赵管家慌慌张张地从沈阳回来告诉母亲说："日本军队占领了奉天，市面上很乱。"

母亲对这一消息半信半疑，晚上问父亲："听说日本军占了奉天，是真的吗？"

父亲点了点头，"占了，吉林也进去了。"

"怎么不打？哈尔滨会不会？"

"南京蒋介石有令，不叫抵抗。"父亲沉吟了一下说，"看样子哈尔滨也保不住，今天上午日本领事馆的松本益雄告诉我，日本军进吉林一枪没

①

1931年9月19日清晨，集结在沈阳车站的日军

关东军选定组建的第一任内阁。右起：伪司法部总长冯涵清、伪交通部总长丁鉴修、伪军政部总长张景惠、伪财政部次长孙其昌、伪国务总理郑孝胥、伪民政部总长臧式毅、伪外交部总长谢介石、伪实业部总长孙燕卿

有打。”

松本益雄是个日本浪人，开始在中国东北没有什么固定的职业，只是会说中文，而且是满口的东北土话。后来到哈尔滨日本领事馆当秘书官，和当时的日本总领事大桥忠一到过我家，认识了我父亲。因为中国话说得好，于是和我父亲混得很熟，后来当我父亲做了伪满洲国总理时，他做了总理秘书官。

母亲听说日本人占领了奉天和吉林，有点慌了，问父亲：“怎么办呀？”

父亲拿起水烟抽了两口，说：“看看再说吧。”当时我记得他好像很沉重的样子。

那些日子我们家每天要来很多人，坐车的，骑马的，步行的；有东北将领，像李杜等人主张抗日保卫哈尔滨，他们想得到父亲张景惠的支持；还有国民党官员，不想抵抗；也有日本人，其中来的最多的是松本益雄，他劝说我父亲接受日本军进驻哈尔滨；另外，还有我父亲的部下，像警备大队长于镜涛，是我父亲的干儿子，劝我父亲保存实力，避开日本人的风头，先把队伍拉出哈尔滨看看再说。我们家从早到晚人来人往，忙得副官们楼上楼下地跑个不停，打电话，叫汽车，招待客人，因为大部分人都要求单独见面，所以我父亲见客人的时间就不能重复交叉，还要根据客人的官职大小和关系远近来排顺序，另外还得给老爷子留出点儿休息时间。

1932年3月8日，溥仪（左二）到达长春

当时我父亲久久拿不定主意，尤其是李杜、于镜涛都是老熟人，他们都劝我父亲不能引狼入室，而且他也知道同意日本人的提案是不光彩的，弄不好还要落个千古罪名。

不久，在日本关东军参谋板垣征四郎、石原莞尔等军国主义分子同汉奸勾结并积极策划下，袁金凯在奉天，熙洽在吉林，张景惠在哈尔滨相继成立了“维持会”。从此我父亲投靠了日本人，当了汉奸。

1932年2月，日本军侵占了哈尔滨。至此，辽宁、吉林、黑龙江东北三省全部沦陷；同年3月，在板垣、土肥原（当时的奉天特务机关长）等人的精心策划下，一个傀儡政权“满洲国”出现了。被日本人养了多年的末代皇帝溥仪被拉出来做了“满洲国”的皇帝。利用这一傀儡政权，日本在中国东北进行了长

1935年5月，关东军操纵伪满组成以张景惠（前右三）为首的内阁

达14年的殖民统治，满洲领土包括当时辽宁、吉林、黑龙江、内蒙古东部及河北北部地区。郑孝胥、臧式毅、张景惠、熙洽、张海鹏等一批投靠日本人的汉奸，也都当上了“满洲国”的高官，父亲张景惠做了伪政府的参议府议长，后又做了军政部大臣。

我父亲自己先单身去了长春任职。随后我们家才从哈尔滨搬到了长春，长春也成了伪满的首都改名为“新京”了。1935年我父亲张景惠继郑孝胥之后，做了伪满洲国的总理大臣，直到1945年日本投降，做了10年的总理大臣。

长春

当时东北地区的政治、经济中心是奉天（沈阳），发展较快的是哈尔滨，长春相对还是小城市。日本人之所以选长春作为“满洲国”的首都，是考虑到奉天是奉系军阀的老巢，将来城市管理会很麻烦。哈尔滨离苏联太近，日本人一直认为早晚会和苏联有战争，长春小，有改造的余地。于是日本人为了粉饰傀儡政权，投了大量的资金和技术，并逼着刚建“国”不久的“满洲国”政府拨巨款，大兴土木，搞“首都”建设。所以长春在三四十年代，城市建设规划搞得很快，至今还有一些建筑被留下来了，像当时的伪总理府，现在是招待所的一部分，旧法院也被一所医院使用着。

我们家到长春后，住在二马路（今长春大街自强街），一个有三进四合院的宅子里。第一进院里有收发室、警卫室、司机佣人住的房间、还有放衣服的房间；第二进院子的正房，我母亲的意思，为了表示对六太太的尊重，让六妈住，我们住在东厢房；西厢房让给我大爷留下的一家（我大爷的后老伴、他的女儿、儿子绍维大哥、还有大哥的童养媳）；后院有五间房，专门留给我做书房、客厅和狗房等。

后来又把院子后面的土地买下来，盖了个二层小楼，有围墙，大门朝北，门的东边有一间收发室。我们家搬到了一层，六太太住二楼；在楼后还修了个排球场，因为我爱打排球，有时把外边的排球队叫到家里打球。

我家有大小两个餐厅，家里人一般在小餐厅吃，中间有个拉门；外边的大餐厅是我的先生、我父亲的副官之类吃饭的地方。地下室也有饭桌，那里吃饭的除了佣人外，还有些远房亲戚什么的，再就是“食客”。这种“食客”在旧中国的有钱人家，尤其是官宦人家，是司空见惯的，一是显得有钱，还有就是虚荣，养一些人，专门说好话、捧场，还利用这些人，掌握一些街头巷尾的消息。每天都会有很多人吃饭，到底都是什么人，谁也不清楚。有家里远房亲戚、家里人的朋友，有的是管家甚至佣人认识的人，不一定是到张家有什么事，有的是进城办事，有的干脆就是“食客”。像有个叫“张半仙”的，是算卦的，据说给张大帅都算过，挺灵的，他就长年累月住在我们家。不仅有吃的，还有住的地方，只要和哪个管家说一声就行。我家的亲戚和朋友来了，一般不住家里，像绍纲大哥来，都是住在附近的旅馆、饭店里。

从盖起楼房后，家里也越来越讲究了。我们和六太太家，各有厨房在地下室，而且从厨房到一楼和二楼的楼梯是分着的，我的记忆里我都没有上过二楼。我在一楼有自己的一套房间，中间还有门，关上门就是我的小天地，后来参加革命后，作为一个联络点，挺安全的。

我们在新京二马路（今长春大街）的自强街的家被称为“东宅”。1935年，我父亲任“国务总理”后，日本人认为自强街的“东宅”不能适应和满足“总理大人”的需求，于是决定修建一座“总理官邸”。这座官邸建于当时的西万寿大街（今西民主大街），1936年动工，次年竣工，占地近两万平方米。这座官邸的一层有大型会议厅、前厅、接待室、餐饮室等服务用房，二层则是办公及家属生活区。院子西南角还有两栋各100多平方米的秘书官住宅和附属建筑。在东北角是个花园，有水池、回廊、花坛之类的，还有些移栽的柳树、核桃树。在大门附近种了十棵松树，有七块大的镇宅假山石。因为相对“东宅”在城市的西边，所以被人们称作“西宅”。1937年7月“总理官邸”竣工后，虽然建筑精美，环境典雅幽静，而且有公派的警卫、厨师、佣人等；但母亲坚持不搬出二马路的东宅，认为好进难出，她好面子，觉得将来不当总理搬出时，会灰溜溜地丢面子。所以西宅只在有重大外交活动或大型招待会等重大场合才用一下。我父亲有时也带母亲去，后来母亲当了“妇女会”会长后，常利用那里搞些社交活动。

除了二马路的东宅外，在我结婚的时候，家里为我在建国胡同买了一幢带院子的小楼。我结婚后只住了几天，就带徐明去了日本。后来徐明怀孕从日本回到家里也没再让她去建国胡同住，而是一直住在二马路的东宅里。我从日本回来后，也是住在二马路的家里。

后来苏联红军进来，把我和父亲带到苏联后，就把剩下的家眷赶到了建国胡同的家里去住，国民党到长春后，说是有高官看上了东宅。

沈阳的老宅住着绍纲大哥一家和四太太，有200多间房产出租。北平、天津也有些房地产，都是母亲经营的，以她亲戚名义买的，其他人都不清楚。

张景惠任伪满总理大臣时在长春的旧宅（西宅）

来到长春，家里不再像在哈尔滨时那么清静了。每天人来人往，车水马龙，我从当时的情况和佣人们的闲谈中觉察到，父亲这个官做得不光彩，至于更深的涵义我就不懂了。

小时候，我一直对父亲的印象还不错。虽然我们接触得很少，父子情很淡，但我还是认为他是个好老头，不像母亲那么爱训人，在家里也没看见他和谁发过火，对下人也从不指手画脚，而且经常穿着带肩章的军装，看起来还挺威风的，所以一直很尊敬他。但到了长春后，虽然自己只有十来岁，模模糊糊地与家里渐渐有了一丝隔阂。

绍维大哥没有跟着我们到长春来，他留在哈尔滨继续念中学，只是假期和年节才回来；郑老师和那白俄女人都没有跟来。但郑老师又在长春为我介绍了一位金杰生先生做我的家庭教师。另外我想继续学习俄文，又请了一位俄文教师，她叫万达，是波兰人，对俄国文学很熟悉。她还是个契诃夫崇拜者，因为她的偏爱，我的俄语课中有一半是选自契诃夫的作品。确实在俄国文坛上他也是一位为数不多的语言大师之一，沙俄社会的丑恶与黑暗，在契诃夫才华横溢的笔下被刻画得淋漓尽致，惟妙惟肖。

金杰生老师为人热情好学，会写新诗，文学方面也有些修养。但他是一个蹩脚的教师，既无口才，又无教学计划，算术他不行，索性取消了这门课，只教语文。一本书没有重点、没有提示，不留作业，教完就完。他的主张是语文水平的提高，全靠自己多看书，虽说这主张失之偏颇，然而也不无道理。每次他来上课，总是从他家里抱着一摞书来给我看，都是些小说、诗歌。不管他的这种教学方法是好是坏，我倒挺高兴，因为没有什么要求，我正好乐得埋头看书。其他方面不说，我的语文水平确实就这样慢慢提高了。后来我上中学了，金先生尽管不再担任我的家庭教师，但还常常带着书来看我，关心我的生活和成长。应该说在我的少年时代，他是一个为我提供精神食粮比较多的，对我有一定影响的人。

随着年龄和知识的增长，我逐渐摆脱了管家马振泰的管束。对看戏、吃馆子，已经没有兴趣，只是电影还看。当时我喜欢看白杨演的电影，是白杨的影迷，我的房间里还挂着白杨的剧照。学校功课，除了语文和绘画以外，其他课程我都不喜欢。因此成绩平平，总是六七十分左右，我的全部兴趣都放在金先生带给我的那些中外文学名著和学习俄文上。

我像是一个贪婪的饿汉，把鲁迅、叶绍钧、郭沫若、巴金、雨果、托尔斯泰等许多作家的作品，一本本地吞下去，有的懂，有的不懂，有的经过咀嚼，有的就囫囵吞枣地咽下去了。

“吃人的人，什么事做不出，他们会吃我，也会吃你，一伙里面也会自吃。”我为鲁迅的枪正中封建社会的心窝而赞叹。

“月光如流水一般，静静地泻在这一片片叶子和花上，薄薄的轻雾浮在荷塘里，叶子和花仿佛在牛乳中洗过一样，又像笼着轻纱的梦。”朱自清的散文像杯清醇的美酒使我迷醉。

蒋光慈慷慨激昂的呐喊，郭沫若热情奔放的诗句，也都震撼着我的心。

我为安娜•卡列尼娜的自杀而痛惜，我也恨透了《罪与罚》里那个放高利贷的老太婆。我一口气读完了巴金的《家》，使我流了不少的泪，仿佛在觉民、觉慧、鸣凤和高老太爷的身上有着我家和我周围一些人的影子。关于鸣凤的死有这样的几句话：“为什么所有的人还活着的时候，她在这年轻轻的年龄就应该离开这个世界？”是的，这里有个大问号。这使我想起六嫂，她死的时候还年纪轻轻，为什么所有的人还活着的时候，她就应该离开这个世界？

巴金在《激流》总序里写道：“我不是一个说教者，所以我不能明确地指出一条路来，但是读者自己可以在里面去找它。”我想找它，但是没有找到。

书，把我带进一个我从未认识的奇妙世界，我在情感的海洋里沉浮，我乘着思想的流光漫游世界——

白雪皑皑的东宫，绿色葱葱的萨纳河畔，小桥流水的江南水乡，风沙弥漫的塞北高原。世界是那么神奇，那么色彩斑斓。

炙热的爱情，痛苦的呻吟，闪光的思想，伪君子的丑恶，刽子手的斑斑血迹，世上为什么美好和丑恶会并存？

书，为我带来了欢乐和安慰，也带来了痛苦和思考。它们像一扇扇窗口，使我看到了广阔的世界，它们滋润了我幼稚的头脑，增添了梦幻和朦胧的追求。我也越发感到这个社会和家庭的黑暗，一个在黑暗中久了的人，一旦他看到一点点光明，就会觉得原来的周围有多么的黑暗了。

开始上学时，家里怕我被打劫，每天都让车接送我，我不愿意让同学们看见，总是在离学校比较远的地方，或者是个拐弯没人看见的地方下来，自己走着去学校。我的性格比较内向，不喜欢出风头，讨厌搞特殊，不希望人们注意到自己。

上学中午吃饭，别人家的孩子有的在街边的小摊上吃，经济不好的同学，中午拿个凉窝头什么的，喝点凉水就完了。我的中午饭成了大问题，一是家里绝不允许我在外面的小摊吃，不安全，马振泰从小把我训练得不能吃凉的，我胃肠很弱，稍吃不合适了，就会拉肚子。后来家里怎么和学校说的，我不知道了，只是后来学校操场的院墙打开了一个小门，在小门的外面，家里盖了个临时小房。每天有个佣人和李春做好饭在小房里等着我下课，中午下课后我就通过小门到小房里吃饭，吃完后还能在小房里休息休息，下午上课时，再从小门回到学校。现在想起来，真是黑暗，因为有权势，硬是把学校的院墙挖出了个门来。

就是因为这些特殊化，加上父亲做“满洲国总理”的事，慢慢地在同学中传开，使我成了同学们暗中攻击的对象，不知什么时候就会被人推一下，或无缘无故地打一下。我体质本身就弱，打也打不过，我还不想告诉老师和家长，因为我觉得同学们有理由欺负我。我也想和他们一样，过一种普通人的生活，不要这种特殊的生活，而且越来越懂得了家庭的不光彩。当时同学们的话题中心就是“亡国奴”，那个时候不管大人小孩，大家的抗日情绪是很强烈的。我从没想过要报复欺负我的同学，而是越被欺负，越让我想摆脱这个家庭。到后来上学成了我的负担，每天都在苦恼着，最后把我逼急了，我离家出走了一次。我就和平时上学一样，带了点零花钱，给我的俄语老师留了封信，因为当时在家里，万达老师年轻，平时也比较能理解我。我从没有自己出过门，跑到长春火车站，买了张火车票，就上了车，想着这车把我带得越远越好，也没想着车停了怎么办，也没想到哪儿去，只是想离开这个家。一直坐到新义州（中朝边境），车不走了，没办法被赶下车，就在车站转悠的时候，被一个警察叫住，带到旅馆住了一晚，第二天被带回了家。回来才知道，我走后家里很着急，从万达老师那里知道我坐火车出走了，就沿途布置了很多警察、便衣找我，就这样在新义州车站，被一便衣把我领了回来。

1935年13岁的张梦实

我中学有个同学叫韩来芳，比我大好几岁，在班里我比较弱小，加上家里的事儿，经常被人欺负。韩来芳长得很高大，又有力气，并且爱打抱不平，看着我受欺负，就会过来管管。那时的管管也不讲什么理，谁欺负我了，他上来就给人一下子。慢慢我们成了好朋友，他经常到我们家来玩儿。他是回族，父亲开了个小牛羊铺子，日子过得不富裕。他和我混得很熟，包括我父亲都不把他当外人。我父亲自己爱喝点酒，除了自己买以外，会有很多人送给他各种好酒。他喝酒有限，只是每天晚上睡觉前喝点威士忌，家里的其他人都不怎么喝。韩来芳年龄不大，但爱喝酒，我家的好酒有一半被他喝了，有些洋酒是有钱也买不到的，都是人家特意送给我父亲的。他后来几乎天天来，有时会从自己家的铺子里拿个牛舌或羊头、羊肉什么的。我不喝酒，就吃他带来的肉。他还经常和我表哥他们打麻将，有时干脆就住在我们家、吃在我们家。他来去自由，有时很晚才来。我们家客厅里，有个木制的小桶，一打开里边放着一排排的古巴雪茄，不知是谁送的。我父亲抽大烟和水烟，不抽雪茄，韩来芳本不会抽烟，他看着雪茄烟好奇，就拿来抽着玩儿，一来二去，我母亲发现雪茄烟少了好多，也不知是什么原因。

我们关系一直很好，直到1945年我去苏联，都有来往。我曾多次想拉他参加革命，可试了几次都不行。他太爱玩，对政治一点兴趣都没有。

70年代的时候，我还见过他，听说小时候因经常到我家来玩儿，“文化大革命”中还受过一些牵连。他回想起来说，当时他也知道我好像在做点什么秘密的事儿，也后悔当初没听我的话去参加革命。

1934年溥仪登基做了伪满洲国的皇帝，1935年5月父亲接替郑孝胥当上了伪满国务总理。松本益雄做了总理秘书官，他既是关东军派在父亲身边的联络员又是监视我父亲行动的特务。不光是官方的事，我们家许多私事，他也总是表示很关心，像大哥和我去日本读书都是经他联系的学校；再有找日本当时总理大臣东条英机做我去日本留学的保证人等等。但后来我参加了党领导的东北青年救亡会，我在长春工作期间，利用松本益雄，为我们党也做了一些事，在下面我还要提到的丸山制纸株式会社的营业许可证，就是通过松本益雄从伪满经济部办来的。他想的只是为我家办些私事去讨好总理，以便达到深入了解和掌握父亲张景惠的目的，然而他绝对不知道，也想象不到，就在总理的私事当中也有一部分是为了中国共产党，为了东北的解放事业服了务的。

九一八事变后，日本武装侵占了东北，拼凑伪满洲国傀儡政权以后，为了把东北紧紧地缚在其军国主义的战车上，培植亲日势力，执行“日满经济合

伪满货币

理融合”方针，于1935年9月将日本的“金票”与伪满洲国中央银行发行的货币改为等值可通用，从而给东北青年去日本读书提供了方便条件。当时，除了伪满洲国的达官贵人拼命地把自己的子女送往日本“镀金”以外，其他阶层的一些人也千方百计送子女去日本“深造”，形成了一股留日浪潮。在这股浪潮的冲击下，1938年初，大哥从中学毕业后去了日本，考入了早稻田大学附属第二高等学院。不久他写信来，动员我中学毕业后也去日本读书，因为那里的学习环境和自由度比当时的东北要好得多。

大俊

1938年的夏天，母亲考虑小凤姐大了，早晚要嫁人，想找一个年纪小的，叫小凤姐带上一年半载，将来好接她的班，做贴身丫鬟，因为在现有的那些丫鬟中，母亲认为没有合适的。母亲是天津人，听东北人说话觉得“土气”，想找个京津一带的丫鬟。

一天赵管家带来一个十几岁的小姑娘，对母亲说：太太，您看看这个小姑娘怎么样？

“你姓什么？”母亲问她。

“姓徐。”

“叫什么名字？”

她摇了摇头。

“你愿意在我家伺候我吗？”

“愿意。”

母亲看她长得挺漂亮，怪机灵的，又说一口北京话，就把她留下了，说：“以后你就叫大俊吧。”

“嗯。”

1938年中学时代的张梦实

大俊的父亲是个军人，她7岁时母亲就去世了，留下两个女儿，大她两岁的姐姐和她。后来她父亲又娶了个继母，生有一小妹，小她一岁。家住在北京西直门附近，生活比较贫困，以后她父亲走了，不知去向也无音信。继母在她父亲走后，常抽大烟，早晨起得很晚。她和姐姐白天怕吵继母睡觉，就常常出去玩儿。

当时和她们家隔着一个胡同，有个王大妈常叫她们俩到自己家去玩儿，有时还给她们吃的。有一天王大妈问大俊父亲有没有信来，大俊说没有，王大妈说帮她们打听打听父亲的情况，结果没过几天，王大妈非常兴奋地告诉大俊说，她父亲有回信儿了，说叫她和姐姐去找他。姐俩听了都很高兴，求王大妈带她们就去找父亲。

其实这是一场骗局，骗她们姐妹两个年幼无知。几天后王大妈就带着她们姐俩坐上火车到了天津。这时不再提见父亲了，只问姐俩愿不愿意学戏。不知如何是好的姐俩只好说愿意学戏，王大妈听完，先把姐姐带走了，从此大俊就再也没有见到姐姐。

几天后王大妈把大俊带到长春，卖到一个比较高级的妓院里，那年大俊只有九岁，还不懂事，只见好多年轻姑娘穿着华丽的衣服在楼上下串来串去，吃得也不错，她反而有些羡慕了。她的眼神被当时最红的一个妓女看到了，便背地里提醒她说："你别看这里花花绿绿挺热闹，可不是什么好地方，记住我的话，以后只要有机会，一定要离开这个地狱。"两个月后，正遇上我们家找丫鬟，家里管家见大俊，人好像很灵气，经母亲同意后，去付了钱把她赎了回来。

从此她便在小凤姐的指点下，开始了她陌生而又艰苦的佣人生活。先让她专门接听母亲房间的电话，另外，小凤姐也教她做一些其他的事，她不仅记得住，还做得不错。像怎样擦净父亲的水烟袋，怎样打扫房间，东西应该放到什么地方等等。大俊和小凤姐都住在西厢房。

母亲不在家的时候，大俊就常到前院跟其他小丫鬟玩，并没有按照母亲吩咐的那样，总是待在房间里等电话，小丫鬟们为了不被母亲发现而挨骂，她们和母亲的司机商量好，当车到大门口附近时就按喇叭，好让她们知道。可有一次，司机忘记按喇叭了，母亲进门看到她们在玩儿，就让她们都站好，打她们。大俊一看不好，转身就跑，母亲追不上她，气坏了，不给她饭吃。当时做饭的师傅看她机灵，认她作干女儿，当然就饿不着她。

晚上父亲抽大烟睡得很晚，而且一会儿喝茶，一会儿吃夜宵的，事情不断，大俊站在一边伺候着，一般总要折腾到十二点多钟。母亲还常喜欢在家里打麻将，少则八圈，多则十六圈，打牌的老爷太太们，一会儿要茶，一会儿让你点烟，总得站在那里伺候着，晚的时候，要折腾到半夜一两点钟，中间还要吃上一顿夜宵，什么熏鱼、小肚、三鲜馅儿馄饨、豆沙包、烤馒头、各种小菜，一吃就得个把钟头，最后收拾碗筷，是大俊的事，因为年龄太小了，熬夜简直让她受不了。有时麻将的抽头钱会分给她一点儿，可她对得多少钱没什么兴趣，最想要的是睡觉。

记得有一次，她站着睡着了，母亲叫她给客人倒茶，叫了两三声她才醒过来，母亲气坏了，客人散去以后，她叫大俊跪在地上，问她："我叫你好几声都听不见，是不是睡着了？"

"睡着了。"

"为什么睡觉？"

"困。"

母亲狠狠地打了她一个耳光，"困就睡吗？你没看见牌桌上有那么多的客人吗？尽给我丢人现眼。"

她一声不吭，紧紧闭着嘴，忍着不让眼泪流下来，母亲见她仍不求饶，就更加生气，抬手又打了她两个耳光，她还是不吭声，紧紧地闭着嘴。母亲脸都气紫了，她还没有碰到过这么倔强的小丫头，以前的那些丫鬟，别说是打耳光，一叫她们跪下就都求饶了，一个劲儿地说好话。

塞翁失马，焉知非福。从那以后，打麻将的时候，母亲再也不叫她待在身边了，怕她误事儿，大俊高兴得不得了。

有一次我病了，母亲叫大俊把饭送到我的房间来，她把饭放下，看见桌子上有一本小人书，顺手翻了一下，见那里有不少好看的插图，便问我：

"这能看吗？"

"当然可以。"

她便聚精会神地翻看起那本书来。

"你认识字吗？"我问她。

"认识一点。"

“是谁教你的？”

“一个账房老先生。”

我病了一个星期，每次她送饭来的时候，总要看上几页书，问我几个不认识的字。我发现她很好学，而且很聪明，只要教她一遍就能全记住。

一天我放学回来，刚一进到母亲的房间，就见大俊跪在那里，母亲手里拿着一把掸子，向她吼着：

“小奴才，说你几句竟敢跟我顶嘴，打你还夺我的掸子。”说着母亲又狠狠地向她头上抽了两掸子。

“叫你夺，叫你夺。我问你，下次还敢不敢了？”大俊仍然不吭声，紧紧闭着嘴，忍着不让眼泪流下来。

又是几掸子，母亲问：“说！还敢不敢了？”

她还是不吭声。

“你就说下次不敢了。”我在一旁插了一句，因为我知道只要她说了这句话，母亲就不会再打了。

可是她就是不说。母亲气坏了，我也惊呆了。从来没有见过这么倔强的小姑娘。

“大俊，还不赶快向老太太认错。”站在一旁的小凤姐也插嘴说。大俊歪着头白了她一眼，“我没错。”

小凤姐斥责她说：“你还嘴硬。”

“再硬就撕你的嘴。”母亲气得全身发抖。

“您别生气了，看气坏了身子。我先把她带下去，慢慢再教训她。”

母亲沉了一下，厉声说：“滚吧！”

那天晚上，大俊紧紧闭着嘴，忍着眼泪的样子，不时地浮现在我的眼前。这时在我心中唤起的已经不再是对她的同情和怜悯，而是赞叹和钦佩。是丫鬟而无奴颜，是奴隶而无媚骨，她像一颗小小的金刚钻，闪光坚硬，别具魅力。

从那以后，大俊不再作为一个未来接替小凤姐的贴身丫鬟而留在母亲的身边了，把她打入了一般丫鬟的行列，母亲对她已经伤透了心。可大俊反而很高兴，因为她不用再待在母亲的眼皮底下，可以自由多了，得闲的时候，也可以悄悄地钻到我的房间里去翻看那些她非常喜欢的小人书了。

但是好景不长，不久母亲还是把她赶出了家门，不要她了。母亲叫赵管家把她再送回妓院。当时我家有个老佣人高继忠信天主教，他跟我母亲说：“太太您也是信佛的，行行好，别再把她送回妓院了，我想办法送走她就是了。”母亲想了想也就同意了。

高继忠先是把大俊带到张公馆墙外他家住的平房暂住下，然后又和我商量，把她送到了一所教会小学校，不收学费，管吃管住，只要参加一些教会的活动。

她从上小学一年级开始，因为年龄比别人大，个子也比别人高，觉得丢人，所以她便刻苦努力地学，不久就跳到了三年级。她们是上午上课，下午给穷人们募捐。

放假的时候，高继忠看她无依无靠，便把她留在他家，他家有五个孩子，都很小，他老婆又是助产士，经常要出去接产，于是让大俊给他们看孩子，管吃住，不给钱。

母亲为什么赶她出去，原因很多，但我想主要原因还是在母亲的眼中怎能容得下像大俊这样倔强而又富于反抗精神的少女？

去日本前后

我从伪满中学（当时叫国高，即初、高中在一起四年制）刚要毕业的时候，大哥从日本东京来信，给我介绍了一个刚从日本留学回来在伪满国通讯社当记者的朋友，叫高丕泽，后来改名为高亮。他瘦长脸，戴着一副近视眼镜，说话慢条斯理的，像个学者。

高亮因为是伪“国通社”记者，采访伪满政府几个部，没什么问题，但伪满洲国的国务院、总务厅有些地方一般没有特殊许可不能采访。特别是弘报处，它是伪满文化的最高统治机构，负责新闻、出版、电影的审查，并配合关东军情报处，负责监听国外的短波、收集情报。高亮原想通过我的关系去弘报处采访，后来经他争取，“国通社”为他办理了去弘报处采访的证件。

听大哥说，高亮当时是“东北留日青年救亡会”的会员，他在日本时，从大哥那里对我的情况已经有了个大致的了解。他接触我的目的有两个：一是通过我，利用我家的关系开展情报工作；二是尽可能地给我一些进步的影响。

高亮当时和妻子还有一个孩子住在一家小旅馆里，我时常去坐坐，有时也在他家里吃饭。他常常讲些国内和国际形势，并对我进行一些爱国主义的教育。

1939年，我17岁从国高毕业之后，考进了留日预备学校。我所以上这所学校，和大哥、高亮他们一直说日本读书条件如何的好有关，当然家里也同意。

留日预备学校在长春，学制一年，主要是为去日本留学打语言基础。和我同桌的同学叫程大钧，长我一岁，是个敢说敢干、热情好学的青年，与我的性格正相反，可能是这种互补的性格，我们两个很快便成了无话不说的好朋友。他大妹夫在北京燕京大学教书，时常给他带来一些在东北买不到的书，他把这些书也偷偷地借给我看，我第一次看到曹禺的《雷雨》《日出》，就是他借给我的。

大钧没有读完留日预备学校，中途就到北平去读大学了。临走前我和他商量，也想叫大俊去北平读书，学费由我负担。他同意我的想法，并说他三妹程燕芝明年夏天也准备去北平考学，她们两个可以一块儿去，住在燕京大学他大妹家。

“这当然更好。”我说。

“大俊这名字不好，她姓什么？”大钧问我。

“姓徐。”

他想了一下说：“叫徐明吧，徐徐走向光明嘛。”

“这名字好，等问问她自己的意见。”

后来征得大俊本人同意，改名为“徐明”。没多久，程燕芝暑假回东北来，大钧便带徐明到程家见程燕芝，程燕芝和大钧一样，非常热情。大钧主动教徐明学英语，徐明学得很努力，准备第二年夏天去北平考学。

1940年春天，我18岁从留日预备学校毕业后便去了日本。在这之前，大哥已经在东京找好了一家比较好的公寓，叫“国际友谊会馆”，在涩谷区代代木，我一到东京，就和大哥一起住到公寓去了。

“国际友谊会馆”是1933年10月从美国留学归来的松本寅一先生，在东京为给民间的国际交流提供一

1940年，张梦实（后右二）与母亲（前中）、大哥（后右一）及房东一家在日本东京住所前

个场所创建的，后改名为“松本国际会馆”。会馆成立后，长期住在那里的主要是来自国际的学者、文化人，还有来自欧美、亚洲、中东等地的留学生。

1985年，当我们被“中归联”邀请再次来到日本的时候，还到那里去看了看。

1998年的秋天，松本寅一先生的儿子松本晃先生，通过中日友好协会会长孙平化先生的女儿孙晓燕女士的介绍，时隔55年，在北京与我见面了。一眼我就认出了他，因为他和他的父亲简直太像了。我们回忆了在会馆的那段留学生活，虽然当时日本政府对留学生管理很严格，但周围的日本人都非常热情，老松本先生夫妇，也把我们像家人一样对待，在各方面对我们都非常关照。松本晃说，我们回国后，他的父母还时常地提起我们。

大哥留学日本的时候，也是由东条英机做的担保人，因为是伪满总理张景惠的侄子。我到日本后，东条英机的老婆东条胜子到会馆看过我们。

这公寓是两层楼，坐落在铺满绿色草坪的一个漫坡上，临街一条弯曲的石路通向公寓的正门，周围树很多，倒也幽静。我和大哥两个房间都在二楼，他在东头，我在西头。当时我很奇怪，为什么不订两个靠近点的房间，但我没有问他。后来我才知道，为了组织上的需要，为了工作方便，他是有意这样安排的。这里住着许多外国人，有德国人、俄国人、匈牙利人、阿富汗人、朝鲜人、日本二世（即生在外国的日本人），中国人除了我们兄弟外，还有一个上海人，他是汪精卫伪政府派去的留学生，土生土长的日本人很少。这些人中做什么的都有，有大学教授、商人、留学生、亡命诗人、钢琴教师等等，可谓名副其实的“国际友谊会馆”。

清扫卫生的是个日本老太婆，关西人，操一口关西话，我是经过一段很长的时间才听懂她的话。她本来个子就小，加上佝偻着腰就显得更矮，看人的时候总要仰着脸，干活很认真，把每个房间总是打扫得干干净净的。老太婆是那么淳朴勤劳，是个很典型的日本平民。

我来到这里刚刚安顿下来，一天下午有人敲门，进来的是个高个子，宽肩膀，浓浓的眉毛，说他是欧洲人，他的两个凸起的紫红色颧骨又像是蒙古人；说他是亚洲人，可他的眼睛又是蓝颜色的，鼻子高高的，皮肤也是白色的。

“你好。”他用很标准的中国话。

“你好。”我打量着他，不知他的来意。他首先自我介绍说：“让我们来认识一下吧，我叫朝永龙一，朝鲜人，东京帝国大学研究生，住在二楼。”

“我叫张绍纪，刚来日本。”我说：“你是朝鲜人？”他大概觉察到我的诧异，便笑了笑说：“父亲是朝鲜人，母亲是俄国人，所以我就长了这么一副东西大杂烩的面孔。”

我们两个都笑起来。

“你的中国话说得真漂亮，在哪儿学的？”我问他。

“我生在苏联，十几岁的时候就随着父亲到了中国，我是哈尔滨长大的。”

听说他是哈尔滨长大的，我顿时更觉亲近，像是他乡遇故知。我马上用俄语对他说：“我也是哈尔滨长大的，你的俄语一定很好了。”

“是的，俄语和汉语都是我的母语，朝鲜语我只能说不认识字，是个文盲。”他听我说俄语，就高兴得用非常熟练而纯净的俄语回答说。

这以后，我们见面时就常常用俄语谈话了。他常到我的房间来，我也时常去他的房间。他的房间里很乱，桌上、床上到处是书，日文的、俄文的。就这样，朝永便成了我到日本后的第一个朋友，也是一个至今我还不十分了解的朋友。从他的谈话中可以听得出来，他爱朝鲜也爱苏联，仇恨日本帝国主义。他究竟有没有政治背景不太清楚。他的生活没有规律，有时人们还在睡梦中的时候，他已经离开了公寓；有时睡到中午也不起床；有时天天出去；有时又整天闷在房里看呀，写呀，弄得打扫房间的老太婆也没办法。因为打扫房间一般都是在白天客人出去后打扫，可朝永太没规律了，她只好不管他在不在，按照自己的时间去打扫了，好在朝永也不在意。

为了将来能很好地用日语听课，到日本之后，我先进了专门补习日语的“东亚补习学校”学习。没过几天，松本益雄到东京来，跟我说早稻田大学有两个预备高校，“一高”是理科，“二高”是文科。因我想考早稻田大学的俄罗斯文学部，所以决定进“二高”。于是松本益雄带着我，拿着我在日本的保证人——当时日本首相兼陆军大臣东条英机的信，去找了早稻田大学第二高等学院院长，把我送进了“二高”，当时也进行了一场形式上的考试。

有了学校，心里踏实了。星期天和大哥一起去了东京最热闹的商业街银座。那天晚上，街道两侧的商店、餐馆、咖啡厅，鳞次栉比，五光十色的霓虹灯把一条百十米长的街道照得灯火辉煌，这里从二十日元的布娃娃到成千上万日元的珍珠宝石应有尽有，呈现一片灯红酒绿的繁荣。

“眼前的这个花花世界，有很多是榨取我们东北人民血汗换来的。”大哥无限感慨地边走边说。

这使我想起长春，那个伪满洲国的首都，每到晚上五六点钟，各商店便都关了门，只几处勉强维持着生意的饭馆，从窗里射出昏暗的灯光，对比之下，我心里不禁升起一股愤愤之感。

“二高”上午有课，下午偶尔有一节课，一般都没有课。下午我多半去图书馆，看上两个小时的书再回公寓。午饭我总是在附近的小馆吃，我最常去的是一家带快餐的咖啡店。一份快餐是两块煎土豆饼、两片黄咸菜、一碗米饭、一杯凉水，不带咖啡，如果你想喝咖啡得另外要。老板娘看起来像很有文化的样子，室内面积不大，布置得很洁净优雅，常常播放着古典音乐。这里吃饭的优越性是既省钱又实惠，还可以听着音乐做稍许的休息。

下午回到公寓，一个人待在房里有时实在无聊，我知道大哥他们的课也不多，便去找他玩儿。可他多半推托说没有时间，不是要出去，就是要待在房里写论文，或是有客人在。开始我还能理解他，渐渐地变得对他有意见了，觉得他对我有些冷漠，不够关心，起码不像以前那样热情了，一天到晚也不知他尽忙些什么。这还不说，最让我不高兴的是，有时候我去找他，常常碰到他房间里有客人，他们谈得好像很起劲，只要我一进去，他们的谈话便突然停下来，似乎有什么事背着我，弄得我非常的尴尬，坐也不是，走也不是。

多年来，我们兄弟相处无间，彼此最为了解，可以说是无话不谈，无密可保。但是在这远离祖国的异乡，他为何如此冷漠？有什么秘密不能告诉我？我越想越觉得不可理解，觉得难过，我曾经几次想问他，到底你有什么秘密瞒着我。可是没有这样做，我想既是秘密也未必能问得出来，只好任凭他去了。可我又不是很甘心，于是我采取了一个极其幼稚而拙劣的办法——偷偷侦察。趁大哥不在，老太婆去打扫房间的时候，我装作和老太婆随便聊天的样子走进去，拉开那个未上锁的抽屉，翻翻他那凌乱不堪的书架，结果一无所获，什么秘密也没发现。

又有一次，我从窗户看见那个经常来找大哥的戴着一副近视眼镜的小个子来了，就悄悄地走到大哥的门外去偷听。只听大哥说：“工人阶级不能再忍受这种剥削才起来反抗的。”“由自发走向自为，这个时候才形成一个阶级意识。”那个小个子的声音。接着他们还小声地讲述和辩论了一些问题，我都听不懂，什么剩余价值、生产方式，什么资本有机构成等等，一些我从来没有听过的新名词。

我失望了，难道他们的秘密就是谈论这些我不懂的东西，除此之外再没有别的了？孤独苦闷的浓雾把我包围了，我甚至后悔不该到日本来，如果我去北平，那里有大钧，一定比现在要愉快得多。我闷极了，一天去找朝永，他还在睡觉，我敲了好半天的门他才开，房间里乱七八糟，满屋满地都是书和废稿纸，茶杯和臭袜子一起放在桌上。

“现在已经十点半了，你怎么还睡觉？”我问他。

他用手巾擦了擦眼睛说：“昨天晚上开夜车写了点东西，直到今天早上八点钟才睡。”

“你为什么不早点动手，何必熬夜？”我看不惯他那不规律的生活。

“人总是有惰性的，往往是逼到头上才干，逼也会使人学会好多东西，也会使人聪明起来，你信吗？”他说。

我不知道该怎样回答，也许像他说的那样，然而我自己却没有这种体会，从这一点看，我过去的生活确实过于安逸平静了，是单调没有色彩的。朝永从书架上抽出一本书递给我说：“你看过这本书吗？”

我接过来看了看，是一本俄文版的高尔基的《母亲》。

“你拿去看吧，高尔基在这里写了一个母亲，她走向革命就是逼出来的。”朝永说。

我用三天的时间看完了这本激动人心的小说，最后那走在罢工队伍前列的头发花白的母亲形象，久久浮现在我的眼前。巴维尔、女教师这些革命者对敌斗争时的机智勇敢，都深深地感动了我。他们不是为了个人的幸福和自由，他们是为了一个阶级——工人阶级的解放而斗争的。

巴金说他“不能明确指出一条路来”。而高尔基在这里却明确地指出了一条路，那就是巴维尔和母亲所走的路，我思考着似乎得到了一个新的启迪。说来也巧，当我看到小说里描写一些革命者秘密地来到巴维尔家开会的时候，我突然联想起那个戴着近视眼镜的小个子来找大哥的情景，而看到母亲最初听不懂他们谈话的内容时，我又想到自己偷听大哥他们的议论时也是不懂。

突然我好像明白了什么。

“大哥他们莫非也是在进行秘密的革命活动？”接下来我又想，既是革命活动，为什么不要我参加？“母亲”都能参加革命，难道我不行？

一天下午，朝永笑眯眯地走进来说：“今天是我的生日，我们去喝一杯吧。”

“好。”我拿了一点钱陪他出去。

我们乘电车到了新宿，我本想找一个比较大的饭馆请他，可是因为我刚来不久，又对新宿根本不熟悉，便只好问他，他大概看出我的用意，说：“你要请客改天再说，今天听我的，咱们找一个地方尝尝日本菜。”

我们走进一家小饭馆，要了两份饭，一小瓶日本清酒。我平日不喝酒，那天为了祝贺朝永的生日，我也喝了半杯。

“一龙，祝你生日愉快。”

“谢谢。”他说完干了一杯。

我只呷了一口放下说：“对不起，我只能慢慢喝一点，干不了，请你还是自斟自饮吧，你的酒量比我大得多。”

“以前我不喝酒，后来在朝鲜山里砍木头，冬天下雪刮大风冷极了，人家告诉我喝点酒好，我就试试，果然喝酒要暖和得多，从那以后我才学会了喝酒。”

“你在山里砍木头？是学校组织的吗？我认为像你这样一个东京帝国大学的研究生，怎么以前还砍过木头，似乎有点奇怪。”

他挥了挥手说：“不，那是为了生活。我不仅砍过木头，还干过好多活呢，给人家喂马，帮过厨，也当过小学老师。”

“那你怎么考上研究生的？”

“完全靠自学。就是上大学，光靠死啃先生教的那几本讲义也是不够的，还是自己要多读一点书，要学会利用图书馆。”他说。

朝永一杯一杯地喝下去，两眼盯着我们对面的一个人。

“你看。”他暗指着那人说。我随他指的方向看去，只见坐着一个四十多岁穿和服的日本人，他自斟自饮着，脸红红的，大概已经喝了不少酒，笑眯眯地看着站在他桌边皱着眉头的那个年轻的侍女。

“他是谁？”我小声问。

朝永怕那个人懂得中国语，便改用俄语对我说：“他是个有钱的商店经理，他看中了那个姑娘，那姑娘是这儿老板娘的女儿，老板娘看他有钱，很想把女儿嫁给他，可那姑娘不干啊。”

“姑娘不喜欢他。”

“嗯，姑娘爱另外一个人，是这儿的伙计。”朝永刚说到伙计，那人便从外面走进来，“你看，就是这个小伙子。”小伙子二十几岁，中等身量，英俊潇洒，一头浓发擦了好多发蜡油光油光的，上穿短衣，下面是紧腿蓝布裤，一双高高的木屐，走起路来咔咔地响，那姑娘看他进来，顿时脸上有了笑容。

“这些事，你怎么知道的？”我好奇地问朝永。

“我常来吃饭，和他们都认识。”

“那么说，老板娘非要姑娘嫁给那个经理了？”

“是啊，姑娘为这事很苦恼，又不敢违背她妈妈的意思。那小伙子想跟姑娘好，又怕老板娘生气辞退了他，左右为难。其实要爱就得勇敢点，要我是这个小伙子的话，就不会等到现在，早把问题解决了。”朝永说完又喝干了一杯酒。

“你想怎么解决呢？”我问他。

“我呀，偷偷地和那姑娘结了婚，然后再告诉她妈，木已成舟，她有什么办法。”

“要是姑娘不同意呢？”

他笑吟吟地挤了挤眼睛说：“我就把她拐跑。”

“好厉害呀。”我笑着说。

“你要真爱一个人，为什么不把她抢到手，不能眼巴巴地看着让别人夺去嘛。爱情这玩意儿就像逆着水流游泳，不前进你就会被水冲下去。”

我望着对面这个线条粗犷的混血儿，不知不觉地为他的勇敢乐观、情趣盎然的气质所吸引，他不仅这样说，而且他自己就是这样对待爱情的。后来他爱上了住在我们公寓楼下的那个钢琴女教师，当时追她的人很多，朝永在她的眼里是排不上号的，但后来由于他真挚的爱情和穷追不舍的精神，终于成功了，他们结了婚。

1940年夏，我从“二高”转到早稻田大学法学部。我原想从“二高”毕业后考入“早大”俄罗斯文学部，后来才知道俄罗斯文学部已经取消了。俄罗斯文学部的取消，是同当时日本进一步法西斯化有直接关系的，整个日本教育界、学术界正处于黑暗时期，许多知名的学者、教授有的被捕入狱，有的销声匿迹不知去向，进步的剧团早被查封。如果你还喜欢欣赏话剧的话，也只有到新宿“木兰•鲁鸠”小剧场，去看那些打诨逗哏又略带讽刺的轻喜剧了。小说界菊池宽红得发紫，诗坛中西条八十独步横行，列宁、斯大林的著作几乎从日本书店里消失了。

法科的课程大多枯燥无味，我只选了几门课，其中我比较喜欢的是江见义男的《刑法概论》。他在课堂上从来不重复他已经写在讲义上的东西，而

张梦实(左)考入日本早稻田大学，摄于东京代代木的住地

只讲一些发生在现实生活中的案例来补充他的讲义，听起来生动活泼，容易理解。

当时每天除了上课，精神上很苦恼的我，无意中发现了一件趣事，日本人对棒球很狂热。除了专业队以外，大学联赛也很热。尤其早稻田和庆应两个大学，是当时大学里最强的两个队，每年都是由这两个队来争夺冠军。球迷非常多，而且也很疯狂，到了赛期，就会有社会上的球迷打群架的。两个学校的学生有时也会受到牵连，会无缘无故地挨打，因为当时各大学的校服都差不多，只有早大的帽子是尖菱形的，很容易被确认出来，于是每年到了赛期，我们早大的学生，出去都不敢戴帽子。

读书

一天晚饭后，大哥来到我的房间。

“你大概发现我有些事情背着你？”大哥说。

我没有回答，只是笑了笑。

“我们这里有个读书会，叫‘新知识研究会’，简称‘新研’，主要是读些进步书籍，学些新的知识，研究一些日本问题，也要发展一些进步青年。我就是这个读书会里的人，一直没有告诉你就是这件事。”

大哥拿着一本艾思奇写的《大众哲学》，说：“你看看这本书，不要一下子看到底，可以先看两小节，然后有什么不明白的地方提出来，咱们一块儿讨论讨论，别看这里写的是哲学，并不难懂。”

当天晚上我就开始用心地读起了《大众哲学》，虽然大哥说并不难懂，但是对我这样一个从来没有接触过哲学的人来说，还是挺费劲的。什么规律，矛盾统一，物质和意识，必然性和偶然性等等，好多基本概念弄得我头昏脑涨。这和看小说可不一样，两小节不到十五六页，可我足足花了两个晚上才读完，也还只是粗浅地懂一点。真正弄懂还是和大哥讨论之后，他在我自己钻研的基础上，抓住关键，阐述重点，经他画龙点睛地这么一说，我才真正开了窍。

以后我们约定每周一次，每次讨论两三个小节。读书讨论给我带来一些快乐，冲淡了我的孤独感，不过对大哥和那个戴眼镜的小个子背着我嘀嘀咕咕，我仍然耿耿于怀，但我不再侦察了，从各方面证实我的猜测十有八九是对的，他们的秘密很可能就是革命活动。他们背着我，我又不好挑明，但是我为自己暗下规定了一条，决不去妨碍他们，也不对别人讲。

一次在读书讨论后，大哥说，现在我想问你愿不愿意加入到“新知识研究会”组织里来？

“当然愿意。”我高兴地说。

就这样我加入了“新知识研究会”。大哥既是我的介绍人，又是我的第一个领导人。

1940年，当时的领导人有东京帝国大学的赵家宾，早稻田大学的丁非（即大哥）和东京工业大学的米国钧。他们几个人又分别领导着若干个小组。最初丁非领导我，后来是赵家宾，再后来是米国钧。

为确立正确的革命人生观，“新研”规定它的成员要读完下列一些书。哲学方面的：当时除艾思奇的《大众哲学》外，再找不到更合适的中文书，就读日本人永田广志写的《辩证唯物主义》《历史唯物主义》。政治经济学方面的：苏联拉皮杜斯写的四册《政治经济学教程》（日译本）和沈志远写的《政治经济学大纲》；另外还结合着学习一些讲述社会发展史之类的小册子。

自从加入“新研”以后，我不再感到孤独和寂寞，和大哥之间的隔阂也完全消除了。白天到学校听课或去图书馆，晚间就埋头阅读“新研”规定的书。另外，为了扩大“新研”组织，成员们很自然地利用朋友、同学、亲戚等关系，从中选择思想要求进步、为人正派的东北青年，在自愿的基础上把他们介绍到“新研”中来。我也时刻在注意物色可以发展的对象。经过一段观察之后，我觉得在东京工业大学预科念书的范柏龄，是一个比较好的人选。他父亲是我父亲的干儿子，从小我们就认识，一直是好朋友，到日本后，在一块时也常谈论民族灾难、抗日等问题，觉得他有一定的思想基础。而且他有爱国热情，也一直因为找不到出路而苦恼，所以当我提到要爱国抗日首先要武装我们自己的头脑，要先读些书的时候，他马上就高兴地同意了，于是我们俩人就一块读起哲学书来。我看他读书认真，进步很快，便介绍他参加了“新研”，我们两个人一个小组，我是组长。

不久我们小组又发展了范柏龄的中学同学陈汝谦，他是沈阳大资本家陈楚才的儿子，在东京庆应大学念书。

那个时候，我的领导人是赵家宾，就是常来找我大哥的那个戴着一副近视眼镜的小个子。我一面要读“新研”推荐的书，还要去学校上课和去图书馆，所以每天总是忙忙碌碌的，连看报的时间都要挤到睡觉之前。奇怪的是，事情多了，生活紧张了，精力反而比以前更加旺盛，精神也更愉快了。我体会到，一个人只要内心是充实的，生活紧张一点，节奏快一些，是有好处的。最怕的是空虚懒散的生活，像夜间失眠一样，虽然困但又睡不着，老是处于昏昏然的状态，那是最糟糕的。且不说这种精神状态是不可能创造出任何有价值的东西，就是对自己的身体也是极端有害的。

大概正因为平时的忙碌，星期天就显得格外珍贵。平时没有时间看电影，于是星期天我常常是带上一个面包，一连看上两三场电影。当时日本电影院很有意思，一部电影一天一直在轮放，不怕赶不上场次，只要你不走，一部片子你可以反复看，没有人管你。美国电影我不大看，日本电影根本不看，我喜欢看的是法国和意大利的电影。偶尔我也去新宿“木兰•鲁鸠”小剧场里坐坐。

另外，星期天我还喜欢去神田逛旧书店。两三里地长的一条街，一家挨一家，全是旧书店，这里是书的海洋，知识的宝库。1941年太平洋战争前，旧书店还卖马恩全集，一进书店，你就会闻到一股旧书的霉味，里面鸦雀无声，有一种说不出来的让人愉悦的气氛。而每当在那浩瀚的书海中偶尔找到一两本好书的时候，更会使人欣喜若狂。

有时我会去内山书店，它是内山完造先生创办的专卖中文书籍的地方，他死后由他弟弟内山嘉吉夫妇经营。这里有许多进步书，在当时东北是见不到的，像《鲁迅全集》，肖洛霍夫的《静静的顿河》等。中国留学生到这里来的最多，伪满的、华北的、上海的都有。因此这个地方也成了日本特务经常光顾的场所。你如果不注意，说些亲共反日的言论，轻则被盯梢，重则被逮捕。二二六事件后，法西斯恐怖的阴云已经弥漫全日本，特务到处都是，说它是个“特务帝国”也非言过其实。所以除非有非要买的书，我才去内山书店，否则我很少去那里闲逛。

日本特务中有个叫“特高课”的组织，是穿便衣的秘密警察。其中有一部分就是专门管留学生的，尤其是中国、朝鲜等地的留学生，因为国家被侵略，所以反日、抗日情绪很强烈，所以他们非常关注这些国家的学生，除了随时查问外，他们认为必要的话，还会强行搜身。

当时中国东北的留学生从国内来的时候，都是坐火车通过中朝边境的新义州穿过朝鲜境内，到釜山坐船过日本的对马海峡在山口县的下关港登陆。下关是日本本岛最南端的小城市，有一座大桥和九州岛相连。我的印象是这个城市很小，没什么高大的建筑，整个城市笼罩在一种灰色中，显得很破旧。但这里很出名的是，1895年的4月17日，中国清政府和日本政府在这里签订了《马关条约》，当时这座城市叫马关，后改名为下关。

我们这些学生从下关港一上陆，就排着队准备接受各种检查，要花费几个小时，如果中间谁出了问题，马上就会被宪兵带走。我们大家要赶一趟叫“樱号”的夜行卧铺车去东京，如果入境检查耽误了时间，赶不上这趟车，就只好去坐慢车，所以我放假回来时，总是很紧张，倒不是怕查出什么来，而是怕赶不上那趟夜行车。

我有时也利用家里的关系，给“新研”带些进步书籍回来。记得有一次，母亲让我给当时日本首相东条英机的夫人带礼物，好像是一块衣料，还有一封信，我想着正好可以利用它做掩护，带些书去，于是我把书放到最下面，把信放到衣料上面，在入关检查时，他们按照惯例让我打开箱子，当他们看到信封上写着“东条夫人亲启”的字样后，马上盖上箱子，很客气地让我过了关。

一天早稻田大学文学部在大礼堂门前竖了一块醒目的大板报：

著名剧作家秋田雨雀先生来我校讲演，欢迎老师和同学们参加

秋田雨雀的名字我早有所闻，他是日本左翼文艺界的元老，左翼戏剧运动的开创者之一。听说他曾入狱多年，才释放出来不久。秋田本人在日本文艺界的声誉和他出狱后要讲些什么，对青年学生有着很大的吸引力。所以这条短短的消息，立刻轰动了整个早大校园。

那天不到一点半钟，我就来到了早大的小礼堂，为了想找到一个好位置。可是进去一看，不仅前面的位置已经坐满，整个礼堂的空位子也不多了，我只

好在边上捡了一个位子坐下。来听讲的人越来越多，把小礼堂挤得水泄不通，通道上、讲台两侧都站着人。

两点钟准时演讲开始了。主持人说秋田先生刚从狱中出来，身体还没有完全恢复，今天只能和大家见见面，不能讲很长的时间。

随后，秋田老人面带笑容走上台来，迎接他的是热烈的掌声和咔咔不断的闪光灯。老人个子不高，满头银发，脸色略显苍白，两眼不大却炯炯有神，清瘦中透着刚毅。

老人开头说："和大家见面很高兴，我想今天就谈谈'人'这个话题。人的生命力是很强的，就拿我自己来说吧，在监狱里吃的如何大家是可想而知了，让我最为苦恼的是见不到阳光，每天只有十五分钟的放风时间，我想我这么大年纪了，一定会死在监狱里了。但是没有，这不我又活着出来了，又站在大家的面前了。"

热烈的掌声打断了老人的话。

"人活着究竟是为了什么？有人也许会说，活着就是活着，哪有必要去考虑为什么活着。其实是不对的。不管你有意识还是无意识，实际上每个人都在追求一些东西。如何度过一生，如何利用这有限的生命，这确是个严肃问题。伽利略有他的信仰，可宗教法庭要他承认错误，不然就烧死他，要生命就改变信仰，要信仰就舍弃生命，两者必择其一，伽利略毫不犹豫地选择了后者，难道伽利略不爱惜生命吗？不，他想让生命放射出更加耀眼的火花。"

又一阵热烈的掌声，我激动得掉下泪来，老人的声音虽然不大，却有着无比强大的穿透力，穿透着我们每个青年人的心扉。

"朋友们，青年朋友们，可见生命的价值并不取决于长短，而要看它迸发出来的火花会照亮多少黑暗。"

有的同学向讲台上递条子，主持人把条子收集一块儿交给了秋田。老人看了看条子，接着说："有的青年朋友问我的信仰有何改变吗？我的回答很简单，没有改变，也不想改变。在监狱里他们问我什么时候可以改变我的信仰，我回答说，如果来世我变成一只猪，那自然要改变的，因为猪只知道吃和睡。"

整个小礼堂爆发出雷鸣般的笑声，主持人怕老人累着，便同听众商量着勉强结束了演讲会。

秋田老人的话风趣幽默，寓意深远，给我留下了难忘的印象。我从小礼堂默默地走出来，在回公寓的路上，我还一直在思考着秋田老人那一番话的意义。

找党

徐明有信来。我和她虽说不能见面，但我们是经常通信的，就是通过这些信件，不断地传递着我们之间的感情信息。

日本的冬天虽然不太寒冷，但是那股潮湿劲儿很使人难受，我们公寓倒有暖气设备，但从来没有烧过，据说找不到烧锅炉的人。对此抱怨最多的是住在楼下的那个日本二世，她是在家里教钢琴的，房间冷，冻得手指发僵，根本没法上课。诗人特尔贝（德国人）整天裹着一条毛毯，坐在房间里一边喝葡萄酒一边构思着他的诗句。偶尔我去他那里闲聊，他就大骂希特勒。他是德国犹太人，希特勒一上台他就在德国待不住了，被称作“劣等民族”，只好到处流浪。他唯一的希望就是德国打败仗，希特勒垮台，这样他才能回到自己的故乡。他会一点儿俄语，我们之间就用俄语交流，他知道我是伪满洲国的留学生，他做着鬼脸对我说：“我盼望着希特勒垮台好回国，你们盼望着日本垮台好独立，我们的目标差不多，所以我们是好朋友。”我只笑了笑，自然不会对他讲些什么。

在日本出版的杂志中，我比较喜欢的是月刊《露西亚》，因为那里面很多是介绍苏联情况的，记得有几期还刊登过几篇苏联人对红色中国的采访。我还在内山书店买到一本斯诺写的《西行漫记》，通过这些文章和书籍，使我对中国共产党领导下的解放区有了一些了解。尽管那里生活艰苦，但他们有崇高的理想，有克服困难的决心，有一种坚不可破的力量，这些东西是在其他地方找不到的。大概正是这些东西在吸引着中国的有志之士，吸引着千千万万的进步青年。他们不惜冒着生命危险，跋山涉水，过关卡，闯封锁线，去解放区，去延安，去找中国共产党。因为他们知道只有打败日本帝国主义，中国才有希望，才能从奴役中解放出来，而真正能领导抗日只有中国共产党。

从这里我联想到“新研”毫无疑问是在进行着抗日活动，但它是否是中国共产党领导下的呢？由谁来领导，这不仅仅关系到政治方向，更关系到是否能把抗日进行到底的大问题。我反复地想着，几次我想问老赵，但又记起“新研”中的那条纪律，凡是自己不应知道的事就不要问。也就是说，应该让我知道的组织上会告诉我的，如果没有告诉我，那就是我不应该知道的。但是我又想，难道是不是中国共产党领导这样的大事，都不应该问问清楚吗？这恐怕不算违反纪律吧。于是我问了赵家宾，他的回答很巧妙，他说：“我想已经回国的那些人，他们不会不去找党的。”其实，我们的组织已经早在党的领导下进行活动了。但这件事当时还只限于“新研”的几个领导知道，没有告诉我们这些人。

解放后，我了解到“新研”是我党晋察冀社会部领导下的“东北青年救亡会”的一个地下外围组织，也是在日本东京的一个分会。这个组织前身是由“东京反帝大同盟”“社会科学研究会”两个自发组织合并在一起而形成的“东北留日青年救亡会”后改名为“新知识研究会”。是谁最初发动起来的呢？1936年8月，由张为先、丁宜等人组织起来的。张为先出身于资本家家庭，父亲张惠临是在东北很有影响的资本家，岳父阚朝玺是伪满洲国中国银行两名满籍监事之一。1931年九一八事变以后，张为先去英国留学，并加入了英国共产党（后转为中国共产党）。1934年经苏联回国以后，与党的组织没有接上关系，为了找党，于1935年秋来到东京，进入帝国大学研究院学习。学习期间，与高中同学、清华大学毕业的、当时正在早稻田大学学习的丁宜志向相投，成立了“东京反帝大同盟”。传阅进步书刊，学习和讨论马克思主义，宣传反满抗日思想。与此同时，他们还几次寻找中国共产党，想尽早建立组织联系，但都没有结果。

当时，在日本东京，还有几个以读书会形式自发成立的抗日救亡组织。其中，“社会科学研究会”在留日青年中影响比较大。“社会科学研究会”是1937年8月由在早稻田大学学习的侯洛、田琛、丁非、高亮和在法政大学学习的马昆山等东北籍留日学生组织起来的。1938年春，“社会科学研究会”和“东京反帝大同盟”合并成立了“东北留日青年救亡会”。

“东北留日青年救亡会”在日本成立后，1938年3月向长春、沈阳地区派遣会员，打入伪满洲国军政首脑机关的重要部门，收集情报，配合抗日。1940年2月，经“东北留日青年救亡会”成员讨论研究决定，将“东北留日青年救亡会”改为“东北青年救亡会”，领导机关先设在长春，由侯洛、田琛、夏航负责。日本分会改为“新知识研究会”，由赵家斌、丁非、米国钧负责。其工作系统隶属于中共中央晋察冀社会部。

1941年10月初，大哥拿到一份电报。电报要求在11月前摸清关东军未来调动的方向。他感到，这样的情报只有伯父张景惠那里才可能获得。他想到了还在东京的我。

1941年10月中旬，我受大哥的指派，说是回国探亲，从早大回到了长春。回到家里后，为了找到机会，我和平时不一样，父亲晚上打麻将，我也陪在身边。一天晚上，父亲让我上楼去他的办公室帮他取钱。我上楼后，先从办公桌里找到了一份有关“山下奉文辞去满洲防卫军司令”的文件，我觉得可能有用，就藏在了怀里。觉得在楼上待的时间有点长了，怕父亲察觉什么，就赶快找钱。正在整理钱的时候，父亲上楼来了，看了看我，没说什么又下去了。

我得到的这份文件里，并没有说关东军调动的方向。随后的几天，我多方奔走打听。最后在时任交通部大臣的谷次亨那里有了收获。谷次亨也曾留学日本，常以前辈的名义“教导”我。我在他的谈话中能捕捉到一些有用的信息。这次，谷次亨不经意间透露：几个月前，日本军部大本营进行了一场激烈的“南北进之争”。最后，支持南进的海军一派占据了上风。而恰在此时，关东军司令山下奉文辞职。我把收集的这些情况向上级作了反映。

据说情报传到苏联后，斯大林又根据其他渠道得到的情报加以印证，确知1941年11月，山下奉文回到东京，不久秘密抵达中国的三亚。日军南进之势渐露头角，苏联远东地区将不会受到日本进一步的威胁。1941年12月，正值莫斯科保卫战的关键时期，来自远东地区的苏联援军抵达莫斯科。突然出现的苏军成为莫斯科保卫战胜利的重要砝码。

1943年春，中共中央晋察冀分局社会部部长许建国派遣本部情报科的共产党员李常春夫妇去沈阳，加强东北地区情报组织的领导。将“觉社”及“东北青年救亡会”合并为“晋察冀东北救亡总会”（简称“东北救亡总会”），领导机关设在沈阳。1943年，“东北救亡总会”在沈阳建立了党支部，支部书记由李常春担任、支部副书记张为先，支部宣传委员丁宜，并且相继在长春救亡分会建立了党小组，受支部的领导。同年12月晋察冀社会部派张友恒（化名李才）视察“东北救亡总会”的工作，到长春还特意会见我和大哥，对我们背叛家庭，参加革命给予高度的赞扬，鼓励我们为抗日作出贡献。那次是我第一次见到解放区来的人，印象非常深，很受感动和鼓舞。回去后张友恒专门写了一份这次视察东北的报告“满洲工作报告”，报告后来转报到毛泽东那里。毛泽东看了之后说：看来东北不是铁板一块。从那个时期，“东北救亡总会”与根据地正式建立了交通联系。从此中国共产党的地下情报工作方针、政策能够比较快速、准确地传达到我们组织这边来。

到1944年末为止，在东京等地的“新知识研究会”成员，陆续回到了东北，参加了“东北救亡总会”工作，这对东北地区开展情报工作又增加了新的力量。直到1945年8月15日日本投降为止，该组织经历了八年的艰苦历程。在这期间，发展了70多名党的地下工作者，其中有四分之一是中共党员。他们在日本法西斯统治下的东北，进行长期的秘密情报活动。抗日战争胜利后，根据形势的发展，为了迎接新的历史任务，“东北救亡总会”改为“东北人民解放同盟”。从此，“东北救亡总会”完成了它的历史使命。

结婚

暑假的前一个月，家里来信就叮嘱我暑假一定要回来，我猜不透到底是为了什么。7月初我回到家，母亲才对我说，准备带我到北平去相亲。母亲自己是天津人，所以她也想在京津一带找到一个说得来的称心的儿媳，她总是嫌东北人说话“土”。

要来的事终于来了，看样子我是非面对这个问题不可了。我爱徐明，并在信里也向她有所表露，她也流露出了对我的感情，只是担心我们之间的这种感情会不会如愿地发展下去，会不会遇到阻力。她有这种担心，我又何尝没有顾虑？这不仅仅因为从我们家和社会上来看，存在着社会地位的不同，门庭的巨大差距，而且徐明是一个曾经被母亲撵出家门的丫鬟，反过来这个丫鬟要和自己的儿子结婚，做自己的儿媳妇，这是她不可想象的、不能接受的事情，但是不管遇到什么阻力，我的主意定了，要么和徐明结婚，要么就一直拖下去。

在家里还没住上几天，母亲便带着我和大哥一块儿去了北平。到北平我们住在什锦花园一个干姐家，一套很讲究的四合院，室内全是洋式的，洗澡间、抽水马桶应有尽有。五间正房，东西各三间厢房，母亲和干姐夫妇住在正房，给我和大哥腾出两间厢房。干姐姓李，她丈夫叫洪维国，是个政治掮客，日本人曾想通过他拉张作相出来，结果没有成。干姐在北平的交际很广，伪华北行政委员会里的头头脑脑、清朝遗老，还有日本人、商号老板、银行经理，什么人都有。除了我母亲以外，她在北平还有两个干妈干爹的，至于她的干女儿那就更多了。

就是这位神通广大，逞强好胜的干姐充当了这次相亲的总导演。我们一到北平，当天晚上干姐便把精心策划的相亲计划向母亲和盘端了出来。其中有个别会面的，也有集体相看的，一般与重点相搭配，周密细致，天衣无缝，可见干姐用心之良苦。

本来对相亲一事我是毫无兴趣的，最后同意到北平去并非是为了相亲，而是想看看徐明，因徐明和大钧的妹妹程燕芝要去北平准备参加中学考试的，并借此机会去看看这明清古都，它也是我的出生地。因此母亲有母亲的目的，我有我的想法，同来北平各有所求。大哥和我都认为，只要徐明也来北平考学的事不叫母亲知道，就相安无事，母亲的事好歹应付一下就行了。

松本益雄也随我们一起同行。围绕着我母亲，各有所图。我和大哥借相亲送徐明去考试，如果这次考不上，还要为她准备后路。母亲也不光是为儿子相亲，而是借这个机会，把一批财产转移到京津地区。松本益雄借相亲的机会，与我干姐夫接触而收集情报，另外还代表我父亲去看望他的把兄弟吴佩孚，说是替我父亲拜访，实际上是日本人想拉吴佩孚出山，搞华北独立，搞像东北一样的傀儡政权，松本是去做工作的。

我和大钧商量好了，让徐明和程燕芝跟我们坐一趟车，大钧把她们送上车，然后把她们的车厢座号告诉我。当天我们坐的是头等车厢，她们坐的是二等车厢，到了比较大的站，停车时间长，我就借换空气为借口，下车溜达，趁母亲她们不在意的时候，就跑到徐明她们那儿，去看她们。徐明和半年前寄给我的那张照片差不多，没有多大变化，只是长高了一些。她们说到北平后，准备住在北平西郊燕京大学大钧的大妹妹家。

车到北平后，我就急着想去看徐明，担心她是否复习好了功课，因为入学考试的日期马上就要到了。大哥劝我还是等几天再去见徐明为好，免得急急忙忙露出马脚反倒坏了事，我想有道理。

第二天，吃过早饭，母亲和我由干姐陪着，乘车到了一位姓宋的清朝遗老家去相亲。干姐按了门铃，一个老头儿把猩红色的大铁门轻轻地拉开，让我们的车子开了进去。接着一个丫鬟领着我们顺着走廊绕了几个弯儿到了后院的一个大厅。一进去，一股霉味扑面而来，阴森森的像座久失烟火的古庙。不一会儿，两个中年妇女搀出一位颤颤巍巍的老头子坐在中间的沙发上。

“宋爷爷，我和干妈看您来啦。”干姐大声喊着，怕他听不见。

老头子点点头说：“好，好，坐吧。上茶。”随即一个丫鬟端上茶来。

母亲对我说：“快给宋爷爷磕头。”

干姐看我面带难色，便接过去说：“算了，我看鞠个躬吧，现在已经不兴磕头了。”

干姐的话帮我解了围，我赶忙向老头子鞠了躬。母亲和那两个中年妇女称姐道妹地寒暄了一阵子，随后其中一位中年妇女对一个丫鬟说：“去，叫四小姐来。”

少顷，进来一位姑娘，穿着入时，头上烫了许多大竖卷儿，身上的香水味儿顿时把整个房间的霉味都压了下去。

“这就是四小姐？”母亲仔细地端详着。

那中年妇女说：“是老四，见见张伯母、张二哥。”

“张伯母，张二哥。”她坐在母亲的身边，母亲攥着她的手问了好多话。

干姐看了一下表，然后对那姑娘说：“人家刚到北平，四妹，你是不是陪他们出去玩一玩。”

“对，去玩玩吧。”老头子也插了一句。

“好吧，我们先去北海，中午到六国饭店吃饭，再去蟾宫影院看电影。干姐，你看这样行吗？”那位四小姐不假思索地脱口而出，想必是事先商量好的。

“可以，有你做向导，我就不陪着了。”干姐说。

我们到了北海，她带着照相机照了几张照片。母亲坐下来休息，她又带我爬上了白塔。这位小姐虽说年岁不大，确是社交上的一位老手。一路上喋喋不休地又是问我的情况，又是介绍自己，谈天说地，好不热闹。我只是很被动地应付着。经她自己介绍，我才知道这位小姐初中毕业后就待在家里，反正家里有的是钱，除了游山玩水，大概就是等待出嫁吧。当时北平像她这样的大家闺秀也不乏其人。

从北海又去了六国饭店。吃过饭后，母亲说累便回去了，剩下那位小姐和我又去“蟾宫”看电影。影片名字忘了，反正是个外国片，那位小姐看我只顾看电影似乎有些扫兴，开始还跟我说话，后来也不吭声了。

当天晚上母亲问我对那位小姐的印象如何，我随便说了几句不同意之类的话。单独会面没成，接着便是集体相亲，地点在中山公园内的“来今雨轩”。母亲，我，记得还有大哥。当我们来到“来今雨轩”的时候，那里已经是高堂满座了。干姐是东道主，又是操办人，打电话、迎接客人，里里外外地忙个不停。在这次宴会上，除了大哥和我两个人，其余的全是太太、小姐们。干姐为了吸引我的注意，就把几个小姐一个一个地向我介绍，总之都是些名门闺秀。我想那些姑娘们一定也会感到奇怪，老人们聚会为何把她们也都带了来，况且她们之间也都不认识。不过看得出来，这些玩惯了的小姐们早就被“来今雨轩”的美味佳肴吸引了过去，至于为什么要吃这顿饭，大概同我差不多，没什么兴趣了。然而在席间却忙坏了干姐，她不仅向客人们劝酒布菜，还要时时留心，察言观色，看母亲和我到底相中了哪位姑娘。

宴会一直从中午到下午两三点钟才结束。在回去的路上，坐在汽车里还没等母亲问我，我就主动告诉她说，我没相中任何一个。

母亲忧虑地对我说：“我们已经见过这么多的姑娘了，难道你就一个看中的都没有？依我看，那天那个宋家的四小姐和今天那个高个子的都不错，人长得周正，喜兴儿。那高个儿的是你干姐的干女儿，听说能写会画，很有才。你干姐说只要你愿意，姑娘那方面没问题。”

“我不愿意。”

“不要挑花了眼，差不多就行了。”母亲说。

以后又见过几个姑娘，也都被我搪塞了过去。最后母亲失望地说：“没办法，只好回东北去找了。”

当天晚上，我就把同徐明的关系告诉了大哥。“我早就察觉到了。不过，如果家里不同意你们结婚怎么办？”大哥问。

“那就拖下去，反正我是不会和别人结婚的。”我说。

他赞同地点点头。

这幕相亲的闹剧就此也就收了场。

华光女子中学考试的那天，我才又见到了徐明。在我离开北平之前，华光女子中学就发榜了，徐明还真考上了。她只上过一年多的教会小学，到大钧家补习也不到半年，她还是挺聪明的。学校在北平西城区，有宿舍，她不愿意再麻烦程家了，就从燕京大学搬进学校宿舍去住了。刚考上时，学费是我让程燕芝的姐夫先给垫上的，后来我回日本后，从我的生活费里省吃俭用，把借的钱给还上。

徐明在华光中学上学后，学费和生活费我都是寄到程家，然后每个月她去取。这年暑假到了，宿舍在假期要关闭，当时北平不知出了什么事儿，全城戒严，城门也关了，本想到城外燕京大学的程家过暑假的她，身上的钱所剩无几，邮政也不通，被困在学校里了。实在是没地方去，校长看她可怜，把她带到校园内的自己家里，白吃白住，帮他带四个小孩子。

开学后又念了几个月，1942年春天，徐明突然从北平来信说她不想继续在那儿念书了，因为她不想让我们再负担她的生活（她的生活费是从我和大哥两个人每月从家里寄来的生活费中挤出来的），她想自食其力。另外还说出了她的不安，她一是担心将来“二少爷”不要她了，或我家里坚决不同意这门婚事，她还得生活。于是决定去东北开通县一所助产学校，以前听佣人高继忠的老婆说过，那是一所免费半工半读的学校，吃住也不花钱。我认为她的想法不无道理，也就同意了。

她回到长春，找佣人高继忠的妻子介绍她去助产学校。去了一看，日本人开的，也不是什么学校，是个助产医院，边工作边学习，助产士带着学生到处去接生，所谓的在实践中学习，住的是大通铺，吃的是高粱米饭和萝卜咸菜。

那年暑期的时候，我从东京回来，家里正在为我的婚事张罗。母亲四下托人，到处打听，有的她自己还先去看看。果然选中了一位小姐，并且在饭店里还订了一桌酒席，说要我去见面，实际上母亲已经选定，就想再叫我去走走过场，尽快把这门亲事定下来。

我想事已至今，不能再瞒下去了。当天晚上我就向母亲挑明了我和徐明的关系。

母亲惊奇地瞪着我，气得嘴唇发紫，全身颤抖，半天说不出话来。

“不行，她不能再进我们的家。几年前我把她打发走就是因为我受不了她那个气。不但我说不行，你爸爸也不会同意。”

“好吧，你们既然都不同意，那就不要再提结婚的事了。”

母亲坐不住了，气得站起来在房里来回踱步。

“我不明白，你为什么会被那小狐狸精给迷住了。”母亲说着又哭了起来，“真不知道我哪辈子做了缺德事，今世才叫我碰上这些倒霉事儿，这是命呀，命呀！”

母亲连说带数叨。过了一会儿，她看我一声不吭、毫无表情的样子，便收了眼泪说：“婚姻大事不能太任性，你爸爸已经上了年纪，盼着能早一天抱孙子，你的婚事不能再拖了。那姑娘人品长相哪样都好，明天你去看看，包你满意。”

“我不去。”

“我已经答应人家明天去见面，还订了一桌酒席。”

“你们去好了，反正我不去。”我把话说得非常肯定，以免她再有什么幻想。

“你打算怎么办？”

“我已经说过了，要么和徐明结婚，要么就别再提这件事。”

母亲厉声说：“不行，不能依你。”

“结婚是我的事，为什么不能依我？”我反驳说。

“不行，反正我不同意让那个小狐狸精进我们家。”

“别再提这件事了，我去睡了。”说完我就出来了。

第二天母亲又把我叫到她的房里，说：“你既然喜欢她，那就把她接到咱家来也行，可你还是要和我选的那个姑娘正正当当地结婚才行。”

母亲把“正正当当”四个字说得非常有力，以示同徐明的区别。也就是说徐明只配偷偷摸摸地接过来做二房，而这已经是他们做了很大的让步。今天看来这种想法自然十分荒唐可笑，但在那个年代，像我们那样家庭，这种事的确是司空见惯的。

“娘，难道你自己还没有尝够一个人有几个老婆的苦头，为什么还叫我干这种事？”我气愤地对她说。

“你不是喜欢她吗？”

“我是喜欢她，所以我只要她一个人，只和她结婚。”

母亲沉思了片刻，说：“谁都知道她原来是我们家的丫鬟，你要是和她结了婚，人家会怎么看。当面不说，背地里人家就会指着我们的脊梁骨笑我们骂我们。你还年轻，你可不知道，人嘴两层皮，比刀子还厉害，你该替咱们家想想。”

“人家怎么看我不管，只要你们同意我和徐明结婚，用不着操办，接过来就行，我不在乎。”

就是在这相持不下的情况下又过了两天，我忽然想到，只同母亲谈了，父亲是什么看法还不知道。父亲对徐明的印象还不坏，再有他自己就娶了好多姨太太，绍纲大哥也娶了不少姨太太，这中间唱戏的、妓女什么人都有，因此，我想他对出身门第等问题，看得不那样严重。所以，我想还是找父亲再谈谈，没准儿他会同意呢。

第二天我就找父亲谈了，他正在抽水烟，我谈完后等他表态，他一边抽水烟一边想着，抽完烟把水烟壶放在茶几上说：“你真喜欢她？”

“喜欢。”我说。

“行啊。”父亲说。

随后，我就把父亲同意我和徐明结婚的事告诉了母亲。她没再说什么，勉强地点了点头。

晚上母亲告诉我，说她和父亲商量了，同意我们结婚，并决定举行婚礼，而且就在这个假期里办。他们很清楚，既然无法阻止我和徐明结合，倒不如热热闹闹地操办一番，否则即使偷偷摸摸接进门，日后人家也会知道的。

我和徐明的事，唯一能商量的，除大哥之外，就是李春了，从小李哥就带我，我和他很亲近，遇到事情常会找他商量，他总是帮着我。这次和家里摊牌，也是他教我要如何说。他知道我们家里很好面子，所以让我故意说，非徐明不娶，要不我就不结婚了；再者我什么也不顾了，偷偷把徐明接过来等等。当母亲说家里同意我们结婚了，我第一个就跑去告诉李哥，一个劲儿地跟他说，“李哥，我赢了”，“李哥，我胜了”，激动得眼泪止不住地流。

李哥知道母亲内心还是反对的，不知什么时候可能还会找各种理由反对，按照当时当地的风俗，李哥想起了生辰八字的事儿，那个年代人结婚，都要找人看生辰八字，相克的话，是不能结婚的。李哥想到后，马上找人给我们对生辰八字，徐明从小因被拐卖，也不清楚自己到底什么时候出生的，李哥就让算命先生，按照我的生辰八字，给徐明做了一个和我相合的八字。

果然准备结婚的日子里，一天母亲想起了生辰八字的事儿，因都是我们事先准备好的，哪有不合的道理呢。

家里同意我们结婚的时候，徐明还在助产学校学习，不知道这些变化。当时我20岁，她才16岁，我本想再拖几年，两个人都多学点东西，可是家里催得紧，另外我也怕夜长梦多，所以就同意马上办婚事。

当赵管家去开原助产学校接徐明的时候，见面就跟她说："二少奶奶，恭喜你了，二少爷让我们接你回去结婚。"一听此话，徐明惊喜得流下泪来，梦想终于实现了，可以和自己心爱的人在一起了。

把徐明接回长春后，因徐明娘家没有人，就让她住在了金杰生先生的家里，而且认了他们夫妇为干爹干娘。

我和徐明在1942年7月20日举行了婚礼。地点是在长春中央大饭店，饭店共两层楼，当天把两层楼都包下了，来的客人比较多，摆了几十桌婚宴。因为徐明只有一个人，最后请金杰生先生夫妇做了徐明的主婚人，伴郎是我的中学同学韩来芳和范柏龄，伴娘是谁记不起来了。

参加我们婚礼的有谷次亨、于镜涛、邢式廉等伪满大臣们和日本方面一些高层人物，具体名字记不清了。其中有日本关东军的人，伪满政府和伪满协和会本部的人等等，我印象较深的是父亲的秘书官松本益雄端着酒到各桌敬酒。那天我们地下组织的两个负责人侯洛和田琛也来了，他们是以我的朋友身份来的。那天婚礼，可以说是敌伪高层官员在新京（长春）的一次大聚会。

16岁结婚时的徐明

我们俩人的新房，不在长春二马路的家里，家里为我们结婚在长春建国胡同买了一座米黄色的二层小楼，是什么时候买的我不记得了。婚后没几天，我的假期结束了，徐明和我一道去了日本。

回到东京，我们还住在那个会馆里，馆长夫妇待我们很好，我们一安顿下来，松本夫妇为了祝贺我们结婚，坚持要和我们一起照张相，作为纪念，于是我们叫上大哥，和松本夫妇及他们的儿子照了张合影，这张照片他们一直保存到现在。

为了让徐明尽快地适应日本的生活，到处给她找补习日语的地方，结果找到了"大黄学社"，这是一个专门为外国人补习日语的地方。这地方离我们的住处不算远，只需坐二十分钟的电车，不理想的是补习的时间都在晚上，学习完了回到家里都要到晚上九点多钟。而且从车站到我们的公寓，要经过一条狭窄的小路，路旁是铺着草坪的小土坡，住家都在土坡的上面，坡下隔着很远才有一盏路灯，因此入夜以后，这条小路总是黑黝黝的。有些日本浪人常常带着凶器，隐藏在这些黑暗角落里抢劫行人的财物，所以我对徐明走这段小路很不放心。最初几天我总是到车站去接她，后来她不让我去接，非要一个人走，我知道她的脾气也就不勉强她了。可不去车站接，坐在家里等更不是滋味，一到九点多钟见她还没回来，就担心怕出了什么事儿。每当听到远处传来咔噔咔噔急促的脚步声，那声音在夜里传得很远，我就知道是她回来了，才放了心。当时她才十几岁，逞强不让我去接，实际上从脚步声中就能听出她也很害怕，每次都是一路小跑上来的。

徐明的到来，给我在东京的生活带来了很多家庭的快乐。平时我们生活很紧张，我白天去学校或者参加"新研"小组的活动。晚上回来，徐明又该去学习日语了。只有星期天我们才有时间一块儿出去逛逛。有时我们两个人，有时找大哥一起去。记得有一次，我们三个人一起去了最富有日本风情的东京浅草，是平民百姓集中的地方，听说这里也是日本浪人出没最多的地方。街道不宽，两旁尽是卖各种各样具有日本特色的手工艺品的店铺和摊贩，花花绿绿，令人眼花缭乱。来来往往的男男女女们大都是穿着和服，木屐声咔咔地响个不停。逛了一阵子大家都觉得饿了，于是我们就拐进了一条饭馆小街，小街两旁排满了小饭馆和小酒店，这些店铺都不大，一般的都只有两三个

1942年，张梦实（右三）、徐明（右二）结婚后在日本留影

小桌，能坐八九个人的样子，还有更小的，只有四五平方米，一个敞间没门，只挂个半截帘，客人一撩帘儿就顶到柜台，站着吃喝完了，退一步就到街上了，日本管这种站着的店叫“立食”，这类店还不少。我们走着走着只见一家小酒店的橱窗里摆着一盘红红的煮螃蟹，我们都知道徐明最喜欢吃螃蟹，便进去了。一只螃蟹要配上一小瓶日本清酒才可以，没办法只好要了三份。徐明只吃螃蟹不喝酒，我也只能喝下自己的那一份，结果大哥只好把徐明的那一份也喝了。徐明吃了一只还想吃，一连又要了三只螃蟹，我只是一杯的酒量，这下可苦了大哥，他只好在没有酒菜的情况下，又喝了三份清酒。从小酒店里出来，大哥似乎醉了的样子，把我们给吓坏了。这可怎么办，他是我们的主心骨，我们俩都不太认识路，而且这里又是浪人出没最多的地方，我和徐明不免嘀咕起来，也不再继续找饭馆儿吃饭了，饿着肚子催促着大哥匆匆离开了浅草。日后每当我们回忆起这段往事来，大家还总免不了要笑上一阵的。

1942年末，徐明怀孕了，那年寒假我送她回了长春。

回国

在东京的国民党抗日组织遭到破坏，除了个别人跑掉之外，都被逮捕入狱。据说是从他们一个领导人那里搜到了一份全体成员的名单，日本宪兵队就是根据这个名单逮捕所有人的。鉴于当时的环境越来越险恶，上级决定“新研”暂时停止组织发展，坚持“精干隐蔽”的原则，而且要求每个成员认真清理一下自己身边的书刊和信件，提高警惕以防万一。

1942年春，丁非、赵家宾等同志相继回国，“新研”工作由米国钧、孙平等同志领导。米国钧同志还继续领导着我。他个子很高，面庞黝黑，是一个说话干脆利落精明强干的人。孙平同志个儿不高，尖下颏，为人忠厚热情，有股钻劲，说起话来风趣幽默，给人一种亲切感。我们不仅是同志关系，而且感情上也非常合得来。后来米国钧同志因病回国疗养，组织决定孙平同志领导“新研”，我协助他的工作。

1943年，美国向日本投了第一颗炸弹，开始空袭东京等地，日本国内形势进一步恶化，军人独裁的政府，把日本全国变成了一个大兵营，一个全力支援侵略战争的大仓库。食品的配给量逐渐减少，代用食品越来越多，土豆成了部分主食，鲸鱼肉代替了肉类食品，香烟也开始限量了。国民们怨声载道，尝到了战争带来的痛苦。年轻力壮的男人纷纷被征入伍，寡妇到处都是，还没有出嫁的大姑娘或留在家里，或不得已去卖淫。学校的教育也进一步法西斯化，军事训练猛增，大批有名的学者教授，有的离开学校，有的深居简出，有的被捕入狱。书店里一直允许出售的马克思、恩格斯全集也被查抄一空。日本的教育界、学术界荒芜了，想要学到一点东西已经不可能了，东京当时好像一个荒岛，不能死困在这个荒岛上，许多中国留学生也都陆续回国。

在这种情况下，上级组织认为再在日本待下去已经没有意义，况且日本宪兵特务到处跟踪抓人，环境恶劣，“新研”的活动也十分困难，与其留在日本不如尽早让成员回国，对抗日工作更为有利。于是决定，凡“新研”的成员，有条件的均可撤退回国。

不能开展工作，又学不到东西，再待下去确实没有什么意义，我也决定回国。

一天早晨，我刚写完一封信，日本老太婆就进来打扫房间了。“老婆婆，暑假快到了，这次我回国就不再回来了，房间也准备退掉。这几年蒙您关照，实在谢谢了。”我对老太婆说。

“不再回来了？”

“是的。”

她沉思了一会儿说：“是啊，回去吧。回到自己的故乡去，这里也不太平了，美国飞机还要来的。唉，战争，为什么和平日子不过非要战争呢？”

是的，这位老太婆和千百万日本国民，他们用自己的生命和血汗支持了日本帝国主义发动的侵略战争，在战争中他们失去了一个个亲人。在悲痛中他们逐渐觉醒，他们不再相信那些“大东亚共荣圈”“圣战”，清楚地知道了，战争是要死人的。

这次回国不再回来的事，除了老太婆之外，我还告诉了朝永龙一。他听到后，又赞同又惋惜。对他来说，我可能是他唯一能够谈得来的人。

回想在东京近四年的学习生活，自己到底得到了什么呢？首先使我想起了“新知识研究会”。它教会了我如何思考，如何看待事物，如何分析问题；它告诉了我什么是爱国主义，什么是阶级，什么是马克思主义的世界观。

除了“新研”之外，如果说还有一点儿可回忆的话，那便是我的好友朝永龙一和打扫房间的那位纯朴的日本老太婆和像“友谊会馆”馆长夫妇那样的一般日本平民。

1943年暑假，我从东京回到了长春。回到长春后，侯洛和高亮两位同志介绍我参加了“东北救亡总会”。不久侯洛调到沈阳，我的领导人换成夏航。对外讲，他是我的家庭教师，每周来我家碰头一次。组织上交给我的任务是，利用我家庭的有利条件，了解伪满上层人物的思想动态及其同日本帝国主义勾结的情况。

“东北救亡总会”在抗日战争中充分利用其特殊条件，不仅成功地打入敌人的军政要害部门，有效地从事情报的收集和联络活动，而且在极其险恶的环境里很好地隐蔽了自己，收集了大量情报，送到了抗日根据地。其中有些很重要的情报，如：一、关于日本关东军在东北地区的战略部署和战略思想；二、关于住在伪满地区的日本人的反战思想；三、关于伪满陆海空军的编制、兵力、武器装备、军事部署、军队训练、作战能力、军官士兵的思想动态；四、关于海军舰种、数量、性能、航线、港口要塞设施的情况；五、关于空军的机种、性能、机场、基地的情况；六、关于港口要塞设施和机场基地的详细地图；七、关于长春、沈阳、鞍山等地的重要设施，武器生产工厂、交通要道等都画有详细目标地图，以备空中轰炸时使用；八、从伪满陆军、警察方面收集到了日伪军对我东北抗日游击队袭击的情报；九、关于伪满军警、联防镇压、防谍等方面的措施；十、伪满财政、金融、预决算，重要经济和文教政策的情报等。

到1945年日本帝国主义投降时，我们这个组织已经发展到七十多人。主要以沈阳、长春和哈尔滨三个大城市为中心，辐射到大连、锦州、山海关、吉林、扶余、图们、四平、密山等地，形成一个很大的情报网。

过去我因对自己这个家庭不满而走向革命，成了它的叛逆者。但是今天由于工作上的需要，必须要同家庭“和睦相处”，而且还要以我家特有的家庭背景做掩护来开展工作。因为世界观的对立是难以改变的，为了能更好地工作，我只好违心地试着和家里改善关系。

我在早稻田大学法学部还没有毕业就从日本回来了，为了便于开展工作，组织上和我个人都希望找到一份能做掩护的职业，而不是再继续念书。可是家里的意见正相反，他们坚持要我继续念书。他们在读书这个问题上态度很坚决，可能是因为他们都是贫苦出身，从小没能上学，希望自己的孩子多念点书，他们的心情我很能理解，从小他们就给我创造了很好的学习环境，给我请家庭教师，无论家搬到哪里，都给我一个房间做书房，我想要学什么就给我请什么先生，长大后，又送我到日本去留学，单从这一点上讲，他们作为家

建国大学

长我还是很感谢他们的。正因为到日本留学，让我进了改变我人生观的政治大学校——“新研”。于是我请示了组织，组织的意见是为了开展工作，不便同家里闹翻，可以先去念书，念书过程中也可以做些工作，毕业后再物色合适的职业。

上什么学校呢？松本益雄向家里建议，让我去伪满的建国大学。这所大学是当时日本在伪满洲国建立的最高学府，召集了很多日本著名的教授，按日本的教学方式授课，所以毕业生很受日本人重视及信赖，他们可以进入政界或财界做官，像现在的东京大学一样，是个登龙门的阶梯；另外父亲当时兼任这所大学的校长，打声招呼就可以进去。可我不愿意去，那是个典型的灌输奴化教育、培养新一代亲日派的学校，纪律严格，军事训练多，学生中特务也多。经过一些了解和比较，我决定去伪满的王道书院。这个书院最初是郑孝胥创办的，以读“四书”“五经”为主，以后日本人接管了这所学校，校长也是日本人，尽管如此，这里比起其他伪满大学来，管理不是那么严格，对我来说可以有更多的自由活动时间做情报工作，所以最后选择了王道书院。家里一听是继续上大学，自然也就同意了。

一天绍维大哥找到我，说孙平同志被组织派到哈尔滨地区工作，他想如果能弄到一张父亲张景惠的名片，在哈尔滨找工作一定会顺利得多，而且找到工作后，利用父亲的背景作为掩护会更安全。可当时我手头恰好没有父亲的名片，又找不到一个合适的理由向父亲去要一张，感到很为难，最后还是徐明帮忙解决了问题。她知道父亲的名片放在什么地方，找机会拿了一张出来，这张名片为孙平同志找工作起了很大的作用，进了一家银行，还破例给他这个新人一个高薪大科员的位置和待遇，为他以后的工作创造了便利的条件。

根据我的工作任务，我想我首先应该先打入伪满最上层的社会圈子，伪满最上层的人物及其子女应是我工作的对象。

为了更好地接触这些上层人物及其家属，我开始出入他们的家。后来发现他们当中有许多人常去伪满“红十字会”。该会名义上是个慈善机构，实际上是伪满上层人物常用的俱乐部。他们在那里吃饭、打牌、聊天、抽大烟、念经，干什么都有。我母亲是该会的理事，我通过她也在那里挂了一个“维护院监”的名，这样随时就可以去转转，了解一些情况。

经过一段时间接触和比较之后，我确定了几个重点工作对象：如父亲张景惠、谷次亨等。父亲是伪满国务总理大臣，各种重要的决策、日伪动向等知道的最多，又是父子关系，工作起来比较方便。而谷次亨是日本人一手培养起来的新亲日派的代表人物，很受日本人赏识，同关东军有着极为密切的关系，从他那里也可能收集到一些有用的情报。

我原想在父亲下班以后，同家人闲谈当中可能得到一些有用的情报，但事与愿违，父亲下班后很少同家人谈论“国事”，也许因为他的几个太太在这方面根本没有兴趣。而我，可能他认为还是个孩子，自然也不谈。另外，实际上他也没有时间，母亲常约上几位太太到家里来打牌，名义上是母亲自己要打牌，实际上她是为了给父亲消闲解闷而约的。每周一般要打上四五次，每次从晚饭后开始要到夜里十二点钟左右才散。

从闲谈中听不到什么消息，我只好考虑其他办法，偷看他带回家的文件。父亲在家没有一间他自己用的办公室或书房，只在母亲的房里放一张桌子。他到家以后，便把公文包及带回来的其他东西一块儿放在那张桌子上。我就趁父亲他们在客厅里打牌，房间里没有人的时候去偷看公文包里的文件。如果文件是放在桌上的话，我就故意当着家里人的面，装作不经心的样子，随意翻看。而一般我还是选择父亲在抽大烟或水烟，心情很好，他和母亲闲谈的时候看文件。为了表现自然，偶尔也插上几句，就这样，我把我翻看到的一些重要文件内容都一一汇报给了组织，如伪满政府的高层人事变动及思想动向等。

为了扩大我的活动范围，借父亲张景惠兼伪满"协和会"会长之便，我又在伪满协和会中央本部里搞了一个"嘱托"的职位，"嘱托"没有具体的工作，就是一个闲职，可以列席"协和会"中央本部的一些会议。

"协和会"表面上是个民间团体，宣扬"五族共和"等主张。"五族"指大和民族（日本）、汉族、满族、蒙古族、朝鲜族，把原本不在这片土地上的日本人加在了五族之首。实际上这个"协和会"是日本人为巩固他们的殖民统治而扶持起来的一个政治团体。这个团体很庞大，首都有本部，支部分布到各个地方，日本人通过这个组织宣传和推行奴化教育。

利用出入"协和会"的机会，了解到了地方的一些情况，包括各地的抗日活动、日本的移民动向、日本掠夺中国资源等战略性的情报。其中一个很重要的情报源，是当时的总务厅次长谷次亨，后来当了伪满大臣。

谷次亨，大连人。他从伪满交通部的一个小小科长，几年工夫就爬到了伪满总务厅次长的高位。不靠别的，全靠他对日本人的一片"忠诚"和自己的干劲。日本人十年来对伪满洲国的惨淡经营，确实也培养出一批大大小小像谷次亨这样的亲日派。谷次亨的日语很漂亮，简直像他的母语。虽然他生活在中国，但思维和日本人一样，完全是日语式的。比如看到"牌坊"，他首先想到的

"协和会"中央本部——奴化毒害东北人民的法西斯组织

是日语的“鸟居”；有些时候他只知道日语怎么说，但中国语的说法他却不知道。比如他只知道日语的“玄关”，却不知道中国语叫“门厅”或者“厅堂”。遇到这种情况，他就哈哈大笑起来。他的笑中没有半点窘意，反而充满了自我欣赏，好像证明日本语言已经深深地渗透到了他的血液里。他不是不会中文，而是想脱胎换骨，想努力地去忘记自己是中国人。他对日本人的态度，并不像有些汉奸那样卑躬屈膝，他有时会同他们争得面红耳赤，甚至骂人，即使是日本人的科长、处长，他也照样骂。换个人的话，也许早就被扣上“反满抗日”的罪名被送到日本宪兵队去了，或者被塞进“思想矫正院”。然而谷次亨非但无事，反而连连高升，好像越骂，日本人就越喜欢他。一般人自然不了解其中的奥秘，实际上他的骂，表现的是对日本人的忠心，是“恨铁不成钢”，他不是想搞垮他们，而是希望他们搞得更好，让他们懂得如何才能更好地统治这个殖民地。关于这一点，关东军的决策集团知道得很清楚，所以有的日本人被骂了以后，气极了也有告到关东军的，但并没能动摇那个决策集团对这个汉奸的信任。

谷次亨是伪满总务厅次长，也是次长级会议“星期二会”里唯一的中国人。日本帝国主义统治伪满洲国是通过关东军来实施的，由关东军司令官召

伪满国务院及总务厅所在地。关东军通过设在这里的总务厅控制伪满国务院

集并主持伪满洲国最高首脑会议，参加者有关东军参谋长、副参谋长、伪满总务厅长官、伪满“协和会”本部长，决策伪满的一切重大问题。总务厅把最高首脑会议的决策，放到“星期二会”上讨论，形成一个具体方案，报伪满国务总理和皇帝签字盖章，然后交总务厅长官贯彻执行，推行以总务厅为中心的伪满政府的统治。“星期二会”由总务厅长官召集和主持，每星期二召开一次，地点不定，有时在总务厅，有时在日本饭馆。参加者有关东军的“满洲课”课长，总务厅次长，各部次长（都是日本人），警务总局长及总务厅内的日本人处长。“星期二会”既是次长会议，又是以总务厅为中心承上启下的统治机构的中枢。谷次亨就是这个“星期二会”的成员，可见谷在日本人心目中的分量。

谷次亨很健谈，他说话时有个习惯，经常用左手食指在鼻孔上擦一下，发出轻微的“嗤”声，也许他患有慢性鼻炎。我和他混得比较熟，他是东京高等师范学校毕业的，在我面前谈起话来，常常以日本留学的“前辈”自居。我也正好利用这一点，以“后辈”的身份向他请教，从他那里我“请教”到了不少有价值的情报。

进入到1944年，日本军国主义预感到末日的到来，做垂死挣扎，对抗日的中国人民进行了更疯狂的镇压，在这种背景下东北抗联的活动就更加艰难。

东北形势越加严峻，地方组织屡遭破坏，处于分散、不稳定的状态，且与中共中央中断了联系。我们这个组织，大部分成员都是伪满上层的官僚子弟，除了我和大哥丁非外，还有伪满地方自治指导部（直属日寇关东军）部长于冲汉的儿子于静纯（他是伪满军校中校教官，兄于静远是伪满经济部大臣），溥仪的侄子宪东（伪高射炮兵团长），伪满军法处少将处长的儿子王诚和侄子王谦等。到1945年日本投降时，我们组织已经发展分布在伪满各个机要部门，我们利用自己的家庭和社会关系，为党继续收集战略情报，深入卧底。组织成员有家庭的保护，再加上严守工作纪律，不同地方组织发生任何横向联系，所以除个别同志因打入国民党内部而在国民党东北情报组织被日伪破坏时受牵连外，未受到其他破坏。

我想我们当时的工作可以说是：

身在伪都，心在共，
真假万变不离宗，任它警网铺天地，
情报依然送我营。

一天晚间，突然高亮爱人夹着一包东西跑到我家来。

“这东西是老高叫我送到你这儿来的。”她气喘吁吁地说。

我明白了，肯定是机密材料，赶紧把那包东西收藏起来，然后问她到底发生了什么事。她说夏航家那天下午发现有特务盯梢，于是就把一些机密材料递给了住在后屋的高家。高亮拿到这些材料后，为了安全起见，连同自己家的一些机密材料，一块儿叫她悄悄送到我这里来了。后来听说一个叫李季风的作家，因为有抗日思想，日本人要抓他，他跑掉了。这个李季风和夏航认识，但没有什么来往，所以特务盯了夏航几天，没发现什么，以后便没事了。但是为了慎重，组织上决定，夏航一定时期内不能和其他同志接触，因此我的领导人又改为田琛同志。田琛也是长春地区我们组织的主要负责人，他的掩护职业是在伪满官需局工作。他常到我家来碰头，家里都知道他是我的老朋友，也是早稻田大学的前辈，所以家里人也觉得很自然。老田个儿不高，满脸胡子茬，同志都亲切地叫他“大胡子”。因为马克思的绰号也叫大胡子，所以这样称呼他也是大家对他的尊敬吧。他对工作总是兢兢业业，沉着机敏，细致而又有魄力，对同志热情体贴，是个好同志好领导。我从他那里不仅仅是接受任务，听取指示，而且还学习到一个党的地下情报人员应有的品格——忠诚、勇敢、坚定、机敏等等。这些东西都不是通过说教可以学到的，是通过他在实际工作中的态度，分析问题的立场及处理问题时的原则性和灵活性等方面，逐渐体会到的。

有一天，田琛告诉我说，有一个人要见一见丁非和我，这个人是从“家里来的”，“家里来的”就是解放区来的。解放区当时在我的心中似乎很远，又似乎很近，近得贴在心上。它意味着中国共产党，意味着苏维埃政权，意味着自由解放，总之，它可以在我的头脑里唤起一系列神圣而又美好的联想。我虽然参加了革命，但解放区来的人我还没见过。

这次我们兄弟俩见那位从解放区来的人，是在沈阳我舅父家里，舅父当时是伪满奉天省参事官。那个从解放区来的人是张友恒，当时化名李才，他是由侯洛同志陪着来的。侯洛把我们两人向他介绍之后，他使劲儿地同我握了握手。他看上去很年轻，精明干练，两眼炯炯有神。

“同志们都关心当前的形势，我就谈谈这个问题。”他直截了当地就进入了本题。接着简明扼要地谈了国际形势和国内形势，并介绍了我军主要战线的情况和解放区军民团结奋斗、学习生产等情况，这些对我来说都是非常新鲜的。

他最后说：“我们的任务就是把日本帝国主义打出中国去，迎接全国解放。”

“迎接全国解放！”这是多么诱人的一句话，包含着多少丰富的内容啊。

李才走的那天晚上，我兴奋得好长时间没有睡着。

除了我自己的任务之外，有时组织也叫我给哈尔滨的丁非、孙平他们送材料。因为我有家庭背景做掩护，所以要有比较重要和危险的东西，都是由我来传递，当时我们组织总部在沈阳，哈尔滨和长春是两个主要分部，于是我就在这三个城市间做交通工作。有时老田把写好的材料交给我，让我送去；有时把原资料交给我，叫我密写后送去。那时密写都是用米汤或者牛奶。每次密写时，总是徐明给我准备好一碗米汤放到桌上，然后她就到走廊去为我放哨，虽然不担心会有外人闯进总理府，但会担心被家人撞上，以防万一。从那时起，她实际上也在协助我的工作，只是没有和她挑明而已。文件一般都密写在伪满出版的杂志的空白处，但有一次因材料比较多，又十分机密重要，我就从自己的影集中选了一张父亲的八寸照片，把材料密写在照片的背后，然后坐头等车厢把它送到哈尔滨去了。

1945年初，沈阳天德信纸厂的经理李双振买下了一个要回国的日本人办的造纸厂，叫“丸山制纸株式会社”，他自己准备脱离“天德信”，想独立经营“丸山”。他要开工厂没有营业许可证不行，但他又没有门路，就去找我在沈阳一个中学当教员的堂姐夫。堂姐夫又找到了我，我马上把这件事汇报给了组织。组织研究后认为这是个机会，可以给他帮忙，但要有条件，就是要安插我们几个人进去。为了这件事，我亲自去沈阳见了李双振。在见他之前，我先请示了沈阳的侯洛，当时他是“东北救亡总会”领导人之一，并商定我们准备安插到“丸山”去的具体人选。作为条件我们向李双振提出：社长由我担任，总务处长是侯洛，总务科长是范柏龄。李双振一听这个条件，表现出为难的样子，不愿意接受。尤其是社长这个职位，他本想自己来做，但是他又不敢明确拒绝，因为他知道这个营业许可证，不靠我根本就弄不到手，于是他就同我绕圈子，磨来磨去。我们两人一共谈了四五次，最后还是按照我们的方案达成了协议。李双振只好甘居副社长的职位，我通过松本益雄很快从伪满经济部弄到了营业许可证。

不久“丸山”便开始了生产，我们也借此扩大了在工商界的活动范围。侯洛、范柏龄两位同志原来就在沈阳工作，用不着跑路，只有我每个月要从长春往沈阳跑几趟，平时的业务就交给李双振处理。社长的月薪是1500伪币，当时任伪满国务总理的父亲月薪才1800伪币，可想我的工资相当高了。拿到第一个月薪水，我没有留，全部交给了母亲，表示一点“孝意”，她接过钱笑着说：“哎呀，你的月薪和你爸爸一样多，好，第一个月我收下，以后不用再给我了，你们自己留着用吧。”

我正希望她说这句话，这样我就主动了。从第二个月开始，我留一小部分交给徐明作为生活用，其余全部交给了组织。徐明也从未问过其余的钱是如何处置的，她是相信我是不会乱花的。

当时党中央的财政很困难，不可能给我们组织拨经费过来，当时的活动经费，都是由我们把自己节省下来的钱交给组织；还有我们这个组织的大部分成员的家里都有钱，所以工作时基本上都是自费。比如我有工作要去哈尔滨，就会和家里说要去看大哥，要去沈阳就会说去舅舅家，这样家里就会给我买头等车厢的火车票，很安全。

后来社会秩序越来越混乱，通货膨胀很严重，组织上的经费更紧张了，为了贴补组织上的经费，我和侯洛、范柏龄商量后，就把“丸山制纸”厂的纸，偷偷地用卡车拉到市场上去卖，解决了组织上的燃眉之急，当时黑市的纸价很高。

日本投降

1945年2月，苏联、美国、英国在雅尔塔会议上，确定了对日作战的战略计划。苏联决定在打败希特勒之后，马上转入对日作战。形势发展之快，远远超出日本帝国主义的预料。继雅尔塔会议之后，5月8日德国又无条件地投降，从而称霸一时的德、意、日联盟彻底垮台了。原来由三国承受的军事压力，一下子全部压在日本头上。尽管如此，日本仍然在那里调兵遣将，准备孤注一掷。

1945年6月，日本参谋总长梅津美治郎专程到大连向关东军司令官山田乙三和中国派遣军司令官冈村宁次传达了对苏联的作战计划。但就在其对苏联作战部署还未准备就绪的时候，1945年8月9日，苏联就对日本宣战了，并以迅雷不及掩耳之势，越过中苏边境，向驻在中国东北的日军展开了全面的进攻。

当时我正在哈尔滨大哥那里，听到这个消息第二天我就马上返回了长春，紧接着从哈尔滨到长春和从长春到沈阳之间的火车就都不通了。

8月10日，关东军见势不妙，决定让溥仪和伪满大臣们从长春撤到大栗子沟，妄图以通化为中心，负隅顽抗，作最后的挣扎。我得到这个消息后，连夜把这一情况汇报给了组织。

撤离的那天晚上，伪满大臣们的家里都乱成一团，因为他们事先没一点消息，更没料到会走得这么急，而且日本人还不让带家属，所以大家心里越发慌乱无底，不知这一走什么时候还能回来。

母亲一面为父亲打点行装，一面唠唠叨叨地问，“是不是一个带家眷的都没有？如果有的话，我们也去。”

父亲不耐烦地说：“我已经说过了，没有带的。”

8月11日晚上，二十几辆小轿车载着溥仪和伪满各部的大臣们，奔向了新京东站，因那是个货车站，不太引人注意。他们不敢声张，怕老百姓知道了更要惶惶不安，闹出事来，那样“新京”可真要变成“心惊”了。

当列车驶进通化时，关东军司令山田乙三上车，说：“形势严重，列车继续往南。”为了躲避空袭，绕道吉林至梅河口的线路，走了两天两夜，13日才到了临江县大栗子沟。

皇帝的行宫就设在了东边道开发会社大栗子沟矿的矿长室，这里容不下太多的人，皇族和警卫留下后，我父亲和大臣们又返回了通化。

苏联的飞机在长春的上空盘旋着，夜间在郊外投下几颗照明弹，把这个黑暗的城市照得通明，但是他们没有投过一个炸弹。

火车一直不通，几个地区也都相互断了联系。虽说带来了困难，但我们仍然很高兴，因为盼望已久并为之奋斗的东北解放的日子即将到来。那几天，在长春的街上很少看到日本人，他们都在悄悄地收拾行装准备逃跑。长春儿玉公园里象征着侵略、镇压的日本儿玉大将的塑像，一夜之间被人砍掉了脑袋。

溥仪逃亡到通化大栗子沟的临时“行宫”，他在这里宣读了退位“诏书”

“中国人动手了”，这个消息传开后，日本人更加害怕，他们知道这是中国人要向他们讨还血债了。

一入夜，这个伪满洲国的首都便陷入一片黑暗之中，就在这日本人和汉奸们惶惶不可终日的黑夜里，却能见到有些老百姓的家里，点着小的蜡烛，合家欢聚，在一起包着饺子。他们已经按捺不住将要解放的喜悦，在偷偷开始庆祝了。

我在街上碰到一个王道书院的同学，他悄悄告诉我，我们那个日本院长被人打死在路边，半个脑浆都淌了出来。苏联对日宣战之后，他还扬言日本一旦战败，他就剖腹自杀，可惜他没有想到，容不得他去为日本天皇效忠，中国人民已经送他去见阎王了。

1945年8月15日，日本宣布无条件投降。被日本帝国主义统治了14年之久的东北终于解放了，深受苦难的东北人民，盼星星盼月亮，终于盼来了这一天。在他们无比欢乐的同时，多年积聚在他们内心的对日本侵略者的愤怒之火也像火山一样爆发了。男女老少手里拿着棍棒，遇到日本人就打，打死的就把尸体推到街上的防空洞里，这些洞原来是日本人用来临时躲避轰炸的，现在反而成了他们的临时坟墓。有的老百姓进到已经跑掉的日本人家里，砸饭锅、摔电话，把所有的盆盆罐罐砸得稀巴烂，还起走了“榻榻米”，拿到街上烧掉，把他们的家抄空，不能再让他们回来；还有的老百姓夜间用斧头、铁锤把看门的日本兵打死，撬开关东军的日用品和食品仓库，一夜之间把里面的东西全部拿光。老百姓在拿东西的时候，也有被日本兵刺死的。

老百姓这种无政府行为，自然不值得提倡，但是如果想到14年做亡国奴的滋味，想到积压在人民心中的激愤，这种报复心理产生出来的过火行动，就完全能够理解了。

一天晚上突然响起阵阵枪声，后来听说伪满军官学校的学员和关东军某部发生了冲突。在这个学校里，原来就有一个抗日的秘密组织叫“真勇社”，这次冲突就是他们领导的，结果打死打伤一些日本人。长春市街变成了真正的中国人的区域，日本人不敢进出，他们只能龟缩在新市区。胆子大一点的，晚上悄悄爬上货车往东满跑，有跑过去的，也有被打死的。多年骑在中国人头上横行霸道的日本殖民主义者们，如今陷入了中国人民的层层包围之中。压迫得越深，反抗得越烈，这是一条被古今中外无数历史事实所证明了的真理。

当时我对日本投降后国内形势的急剧变化认识不足，尤其是对国民党想攫取胜利果实更缺乏认识，因此我曾想日本已经投降，大概不需要秘密工作了，今后是否可以公开了，我把这个想法向田琛提了出来，他明确地回答说，形势很复杂，暂时还不能公开，要继续观察了解各方面的情况，等待上级指示。

在长春一时陷于无政府的情况下，国民党先后挂起了“吉林省党部”和“长春市党部”两个牌子，出版了一份“光复”小报，开始拉一些人参加国民党。

8月16日深夜一点多，傀儡政权伪满洲国随着皇帝宣布退位而倒塌了。皇帝溥仪宣读了日本人替他写好的退位诏书，痛哭流涕，把从长春一路捧来的清朝祖先的牌位都烧了，清王朝的历史彻底地画上了终止符。

8月17日，长春到沈阳的火车开通了，原来和溥仪一块儿到大栗子沟去的包括我父亲在内的一批伪满大臣们，一个个又陆续从大栗子沟返回长春。只有溥仪没有回来，日本人准备把他带到日本去。这个决定一是溥仪本人的强烈要求，另外日本人也怕溥仪落在苏联红军的手里，暴露他们的侵略罪行。但日本人把和溥仪同去日本的人数限制得很严格，于是溥仪选了他的弟弟溥杰、两个妹夫、三个从小和他在一起的侄子、一个御医，还有一个侍卫李国雄，皇后和皇妃他都没有选，他只带能保护、照顾他的人。另外，他带了好多的祖传稀世珍宝，这些宝贝是他从紫禁城被赶出来时就带着的，后来带到“满洲国”，这次看样子是准备带到日本去了。

伪满大臣们回到长春后，成立了“东北治安维持会”，到会的有邢士廉、黄富俊、卢元善、谷次亨、于静远、阮振铎、吕荣寰、于镜涛、刘德全及伪满政府的太上皇国务院总务长官日本人武部六藏和父亲的秘书官松本益雄等人，会议决定父亲为会长，吕荣寰、于镜涛为副会长，刘德全为秘书长，松本益雄为副秘书长。

这个新的维持会成立后，立即通过电台发表声明，表示要维持地方治安，迎接中央政府前来接收。他们还继续在梦想着国民党执政，不会亏待他们，因为当初蒋介石曾指示不抵抗。

但从形势上看，苏军很快就要进入长春，苏军进来之后，中国共产党会不会也跟着进来，每天他们心里都是七上八下的，在“希望”与“失望”之间，在“侥幸”与“危险”之中徘徊不定。但不管如何总要有个人出来维持一下局面，父亲张景惠、臧式毅几个人，商量把原来做过伪满勤劳部大臣的于镜涛推出来，临时担任长春市市长。于镜涛会几句俄语，苏军进来应付起来比较方便。

没想到苏军来得更快，苏军一个空降先遣队飞到了长春，苏军除正面与关东军作战以外，还利用空降队绕到敌人的后方，瓦解对方。苏军进到长春后，在原伪满“协和会”中央本部那个地方挂起了“苏军城防司令部”的牌子。我把这一情况汇报给老田并问他：“下一步我们该怎么办？”老田说组织上有可以协助苏军作些工作的指示，叫我利用给父亲做翻译之便同苏军联系，为他们提供一些情况，但要以个人名义，不能暴露组织。

接着苏军“城防司令部”就把我父亲和临时长春市长于镜涛两人找去，我为他们做翻译。

那天出面见我父亲和于镜涛的是个少将军衔的苏军司令部负责人。他先对父亲说：“我是苏军驻长春的城防司令，您是伪满洲国的总理吗？”

“是的。”父亲点点头说。

“请您回去转告其他大臣们，不要害怕，不要外出，要待在家里听候苏军的吩咐。”

“是，我回去一定转告他们。”父亲回答说。

那少将随后又问于镜涛：“您是？”

“我是长春市市长。”

“那好，您的责任就是要保证全市的供水、供电。如果水电出了问题，我就找您，听清楚了吗？”

“听清楚了，一定保证。”于镜涛掏出手绢，擦了擦额角上的汗珠。

接着那少将又向于镜涛问长春的一些情况。因为于镜涛会一点儿俄语，我便趁这个空隙，去找苏军联系。接待我的是城防司令部政治部里的一个高个子中尉，忘记了叫什么名字。他问我的来意，我说：“我是一个要求进步的一向对苏联抱有好感的青年，我愿意为你们提供一些你们所需要的情况。”那中尉用他那蓝眼睛打量了我一下，接着把我带到他的办公室，请我坐下，随后在一张纸上写了几个字递给我看。

上面是这样写的：“我自愿为苏军提供一些情况，如不属实，愿受军法惩处枪毙。”

“如果您同意的话，就请在上面签字。”中尉说。

“枪毙！”这个字眼儿看起来令人毛骨悚然，当时我确实有点害怕，可是不管怎样，既然做这个工作就得豁出去。我签了字。

中尉拿去看了看，说：“下次我们碰头是后天上午十点钟，我在大同广场西侧等您，那里停着一辆插着小红旗的黑色轿车。”

我应了一声，赶紧又回到父亲他们谈话的那个房间去。

回来之后我马上向田琛汇报了和那个中尉联系的情况，随后我们又挑选了一下准备向他们提供的一些材料。

约定的那天上午十点，我到了大同广场西侧，果然那儿已经停着一辆插着小红旗的黑色轿车。我上了车，车开动了，我把用俄文写好的材料交给了那个中尉，随后他又问了我一些情况，最后把我送到离我家不太远的二马路口下了车。后来我们的接头地点有时在车上，有时在他们的城防司令部，我有时把情况写在纸上，有时口头讲。就这样，直到我去苏联之前，我们一共联系过三四次。为他们提供的情况主要有：

一、军统少将特务组长石丰和吉林省党部主任霍治贤等人勾结，伪满军、警、特及社会上的反动势力，在长春招兵买马，搞地下建军，以对付我们党和苏军。苏军得到了这些情况后，采取了措施。

二、长春市郊拉拉屯儿一带，潜伏着一批伪满军官学校的反动学员和警卫团的残部，他们仇视中国共产党，仇视苏联，他们拥有武器弹药，蠢蠢欲动。根据这一情况，苏军一举歼灭了这批反动分子。

三、国民党出版的“光复”小报中，尽是反苏反共言论。苏军知道后，马上查封了该报。

四、伪满各部大臣及其他上层人物的思想动态。

最初，苏联方面并未料到我会为他们提供如此重要的情况，但后来越来越重视了。因为这些情报并不是我个人收集的，而是我们组织收集后整理汇总出来的。

不久，大批苏联军队开进了长春，苏军驻东北的总司令部就设在原关东军司令部内。总司令官当时还未到，首先到达长春的是总司令官瓦西列夫斯基的助手，原苏军后贝加尔战线副司令员米•克瓦廖夫上将。

长春的混乱状况由于苏军的进驻渐渐有了好转，但又出现了苏军向我老百姓索取手表、钢笔，甚至还有奸污妇女等现象，在群众当中造成了很坏的影响。苏军司令部后来也对其士兵加强了管理。

8月25日早上，苏军总司令部的一个大校副官，带着三卡车苏联士兵和三四辆空轿车，突然来到我家，他先对我父亲张景惠说，请你马上去总司令部开会。然后又对我说：

"请您为我们带路，到其他伪满大臣家去，好吗？"

"可以。"我和那个大校上了一辆轿车。父亲上了另一辆轿车。随后从卡车上跳下几个苏联士兵，把住了我们的家门。这时我才明白不是什么开会，而是逮捕。那几天这些伪满大臣们的思想斗争确实很激烈，盼国民党而国民党

日本关东军司令部旧址

迟迟不来，想悄悄溜掉又怕被苏军发觉后逼着家里要人，再说能否溜掉也无把握。突然张海鹏跑了，这个消息很快在伪大臣们中间传开。“他能跑，我们不是也能跑吗？”他们于是就要行动。我了解到这个情况后，及时告诉了同我联系的那个苏军中尉。当然苏军也怕万一他们跑掉，在那种混乱情况下确实不易再抓到，所以就开始大逮捕，一网打尽。

这位大校每见到一位伪满大臣都说：“请马上去总司令部开会。”说完就请他们上车，并留下四五个苏联士兵把守那家大门，不许任何人出入。就这样我带着他们一家一家走，最后除了已经跑掉的伪满侍从武官长张海鹏之外，所有的伪满大臣全部抓到，都被拉到了苏军总司令部。

我作为翻译和这些伪满大臣们，一块儿被带到一间相当豪华的客厅里，大家都没有坐，一个个站在那里。不一会儿，克瓦廖夫上将由一个中将陪同，从里间走了出来，脸上带着笑容对大臣们说：

“你们的皇帝溥仪很想你们，你们大概也想他吧。今天天气很好，现在就把你们送到溥仪那里去。好，你们可以走了。”克瓦廖夫说完转身又回到里间去了。

随后我和这批人一块儿被拉到长春机场，螺旋桨咔啦咔啦地转动着，机场上停放着两架已经发动好了的苏联军用飞机。

那位大校副官手里拿着一张事先拟好的名单，一个一个地叫着名字，叫到谁谁就上飞机。

“张景惠，臧式毅，邢士廉……”

“张绍纪。”最后一个叫到我。

我万没有想到会有我的名字，我急忙走到大校跟前，小声对他说：“我不能去。”

大校瞪大了眼睛问：“为什么？”

“请问城防司令部政治部就知道了。”我说。

“这个名单是总司令部定的，绝对不能更改，请上飞机吧。”他的语气是那么坚定，显然没有丝毫商量的余地。

我无可奈何只好踏上了舷梯，最大的遗憾是我来不及通知组织和我的妻子。

莫洛阔夫卡

说是送到溥仪那里去，可溥仪又在哪儿呢？谁也不清楚。实际上这个“末代皇帝”，1945年8月18日在大栗子沟宣布退位后，一行十几人从通化坐飞机到奉天（沈阳），准备在奉天转机去日本。可是该他倒霉，几乎同时苏军的空降部队控制了沈阳机场，在机场把他们俘获。从后来苏军空降部队司令的回忆录里得知，完全是偶然碰上了，他还为捉住这个大人物而兴奋，当时请示苏共中央后，把溥仪带到了苏联赤塔附近的一个小镇莫洛阔夫卡。我知道苏军说带我们去见溥仪是借口，但到底会把我们带到哪儿去呢？

我们乘坐的两架飞机，从长春起飞不到两个小时就降落了，后来才知道是到了蒙古一个叫王爷庙的地方。飞机降落的那个机场很特别，既看不到跑道，也看不见房屋设施。一眼望去像是大片原野，地上全长着小草，而且到处可见小地鼠钻出的小洞。我们被带到远处看上去像一些土堆的地方，走近一看，原来这些圆形土堆子有门，是机场工作人员的办公室和苏军兵营，这里是一个经过伪装的军用机场。

溥仪在机场被苏军俘虏，随即被押往西伯利亚

把我们这批人拉到一所苏军的兵营，是一间没有窗户像是仓库似的小屋，里面

有两层放东西用的三尺左右宽的木板，门被反锁上了，门口有一个苏联士兵把守着。

这些人本来想着去见溥仪的，不料被关在这里，情绪一落千丈，好像末日的来临。

“看来苏联人真要对咱们下手了。”一个伪大臣叹着气说。

“死到临头怕也没有用。”父亲插了一句。

臧式毅接过去说：“我已经六十来岁了，死也不算夭折了。”

晚饭时，大家一看端来了香喷喷的牛肉汤和面包，已经等待死神降临的心情，来了个一百八十度的转变。

“看样子还死不了，不然也不会给咱们这么香的牛肉汤。”有人说。

一天过去了，什么事情也没有，第二天下起雨来，大家都在这间伸手不见五指的小黑屋里无所事事，昏昏沉沉睡去的时候，突然门开了，一个小兵喊：

“熙洽。”

熙洽战战兢兢地从木板上爬了起来，刚走出房门，就被两个小兵一边一个架着走了。小黑屋里的人都把心提到了嗓子眼儿，一个个竖起耳朵听着外面的动静。不一会儿，一声枪响。

“到时候了。”有人说，显然他指的是枪毙。

这时有人小声念起佛来。

“张绍纪。”一个小兵又喊。

我一出门，和熙洽一样也被两个小兵架着走了。我虽说心里有底，他们不会把我怎么样，然而当时是深夜，又是那种气氛，实际上也挺害怕的。

他们把我带到一个门前，敲了敲门，里面有人说：“进来。”这时我才明白，两个小兵架着我是怕我滑倒，另外，外面很黑，我们会走得很慢，所以小兵干脆架着我们，原来是一种好意。

我走进去，屋里放着一张桌子，桌子后面坐着一个苏联军官，熙洽坐在他对面。那军官指着旁边的一把椅子让我坐下，屋里光线很暗，没有电灯，只在桌上放了两支蜡烛。

那军官对我说：“我现在要问他几个问题，请您做翻译。”

原来如此，我点点头。

他开始问熙洽：“您叫什么名字？”

“熙洽。”

“您的职务？”

“宫内府大臣。”

“宫内府是掌管什么的？”

……

就这样，把所有抓来的伪满大臣都一个个问了一遍。翻译始终是我一个人，当全部结束的时候，天已经亮了，我困得再也睁不开眼睛了。

中午的时候，又让我们这些人坐上飞机，飞回长春。但是到了长春，并没有放我们回家，而是关在长春市郊的一座小楼里，后来才知道是长春西郊原日本宪兵队的“三浦会馆”。既不许外出，也不能直接同家里联系，而是让我们各自写信给家里，要所需的东西，信的内容他们检查后，派人拿着信到各家去取东西，别人的我不知道，我和父亲所要的东西，没有拿给我们，后来和家里证实，确实按照我们信上说的准备了，也不知道在哪个环节出了问题。在长春待了一个星期，又让我们上飞机，究竟为什么一度返回长春，苏联当局是出于什么考虑就不得而知了。

飞机降落了，我们下了飞机，只见一片望不到边际的草原，没有任何建筑物，似乎也没看到有飞机跑道，不像个机场。我想，大概飞了三个多小时，暂时降下来休息一下吧。

我当时并不知道这是什么地方，就问旁边的一个苏联士兵：“这是什么地方？”

“赤塔。”

赤塔，我们已经到了西伯利亚。难怪同是9月初的天气，这里的风可比长春凉多了，地上的草大都已经枯黄。

“先在这儿等一等，一会儿来车接你们。”一个苏联士兵说。这时大家又饿又冷，附近连个避风的地方也没有。又等了一个多小时，才开来了一辆面包车。

“请上车吧。”一个苏联军官从车上下来对我们说，但他没有说到什么地方去。大家赶紧上了车，管他去什么地方，先暖和一下再说。

汽车跑了一段路之后，就开始爬山了。又颠簸了一个来小时，终于在一片俄式圆木结构的平房群前停了下来，这时已黄昏，周围是个什么样子都看不清了。

“到了，大家休息一下，然后吃晚饭，饭后可以洗澡。”那军官说。

房间粉刷得很干净，有米黄色的，淡粉色的，也有淡绿色的，两人一间房，我和父亲住一块儿。晚饭是俄式红菜汤，肉饼，面包奶油，我吃了很多。澡堂离我们住得不远，也是用圆木造的一间小屋，里边有个冷水管和一大池子热水，地上放着几个水桶，自己兑着洗。洗完澡我一头扎在床上就睡着了。

第二天，我从床上爬起来，太阳已经老高了。这时我才看清楚我们所在的这地方，它是夹在树林中的一块狭长地带，还有一些缓坡。我们住的房子全是圆木堆砌起来的平房，四壁外面有四五十厘米厚的夹层，填满了锯末子，大概是为了防寒。这些平房一字排开，每栋距离一二十米远，房顶上插了一些布满绿叶的小松树，显然是防空伪装。

我们住的这排房子，四周全是松树，房后有防空洞、发电机房和车库，全部都掩盖在松树丛中，从远处望去，郁郁葱葱，群山叠嶂，雾霭蒙蒙，好不壮丽。

伪满大臣们住在靠边儿的几栋，溥仪一行九人住在中间，过去是沃尔阔

莫洛阔夫卡收容所

夫上校，他是苏联内务部专门派到这里来管理这批人的。再过去几栋，住着关东军司令官山田乙三、参谋长秦彦三郎等关东军的高级将领。苏方不允许中国人同日本人接触，怕串供。

吃过早饭，沃尔阔夫对我们说："你们从现在起已经被苏联政府抑留，你们是抑留者，以后怎么办，要等候苏联政府的决定。这里叫莫洛阔夫卡，以前是个疗养地，有矿泉水，喝了对人的身体很有好处。你们在规定的范围内可以自由活动，这里的风景非常好，你们可以休息一下。"后来才知道这里离赤塔25公里，叫第30军事设施。

溥仪他们比我们早到几天，听说他们刚到时，沃尔阔夫也向他们宣布过同样的内容。军人叫"战犯""战俘"，文职人员叫"抑留者"。

这些对我自然没有关系，既然这样他们就应该放我回去才是。东北这块布满伤痕的土地，刚刚从日本帝国主义的统治下解放出来，该有多少事情要做呀。组织和徐明都不知我的去向，我走了，和苏军的联系不知是否有人接替？田琛也许已经和组织接上了头？这许多事一件件都在我的脑海里翻腾起来。

又过了一天，早饭后，一个苏联士兵说沃尔阔夫找我，把我领到沃尔阔夫住的那栋房子。我一进去，见到桌上摆了两小杯红葡萄酒和面包奶油。

沃尔阔夫站在那里微笑着对我说："请坐吧。"

我坐下来，琢磨着他到底想说什么。

"我们虽然过去不认识，但我早知道您的名字，您曾协助我们做了许多工作，非常感谢。"沃尔阔夫说着举起酒杯，"现在让我们为苏中友谊，为我们的友谊干一杯吧。"

"苏中友谊"这几个字听起来多么亲切感人啊！我也举杯干了那杯酒。

"我是'抑留者'吗？"我没等他再说话就急着问。

他诧异地耸了耸肩说："不，您怎么是'抑留者'？当然不是。""那么我希望苏联政府能放我回去，回到中国去。"

沃尔阔夫微笑着说："年轻人，请不要着急，会放您回去的。但是现在你们中国很乱，还没有自己的政府，等中国有了自己的政府，就会马上放您回去的。"

“我要回去参加祖国的革命，我不能白白地等在这里，您懂吗？”

“我懂，我完全懂。可是苏联政府现在还没有时间来研究您一个人的问题，所以您还得耐心等待一下，同时我们也希望在这段时间里您仍能协助我们工作。”

“工作？”这使我想起我在长春协助他们工作之后，在我毫无准备的情况下，突然又把我带到苏联，使我和组织、家庭都断了联系。因此，一听到又要我协助他们工作，便不由得产生一种抵触情绪。

“是的。”沃尔阔夫说，“我们很需要了解这批伪满洲国官员的情况，这对我们很重要。如果您能同意协助我们工作的话，我们是非常高兴的。您会俄语，还可以利用这段时间，多了解一下苏联，多看些书嘛。”

我沉思了一会说：“请让我考虑一下再答复您吧。”

“当然可以。”

当天晚上我没有睡好，沃尔阔夫提出的问题，我想了好长时间。我恨不得马上回到祖国，去参加工作。同志们都在为中国革命献出自己的智慧和力量，以至生命，而唯独我待在这“疗养胜地”无所事事。急，可急又有什么用，急也回不去，怎么办？白白地度过我又不甘心。想来想去，我觉得最为现实的是，在尚不能回去的情况下，继续协助苏联老大哥工作也是应该的。另一方面，沃尔阔夫说的有道理，借此机会多了解一下这个世界上第一个社会主义国家，还可以多看点书，只要自己不虚度就行了。

第二天，我回答沃尔阔夫说，我同意协助他们工作了。他听了很高兴。从这时起，直到1950年我回国，近五年的时间里，我一直协助他们工作，没有间断过。同我联系的人先后换过三个人，先是沃尔阔夫，到伯力后换了第45特别收容所所长捷尼斯少校，最后是阿斯尼斯大尉。

在这里我们享受着与苏联军官疗养者相同的待遇。平时每日四餐，早点有面包和各种点心、咖啡、茶等，面包是精白粉做的；午餐至少是两道菜、一个汤；还有“午茶”，有一片面包、一小块儿黄油、一杯咖啡或茶。起初大家都不知道吃午茶是怎么回事儿，吃完还要，服务员就不断地给添，因我从小接触过俄国文化，知道这是晚餐前的一顿间食，告诉他们晚上还有晚餐的，大家才停止继续添。晚餐常吃西餐，有牛排、果酒、点心等。开饭时，大家都得到餐厅去吃，溥仪也不例外，大家都是把正位子让他坐，而且大家都是等溥仪坐好后才坐下，这种情形，我当时感觉是很可笑的。

看我们的生活水准，我们以为苏联当时的生活水平很高，其实不然。苏联卷入战争多年，经济萧条，我们看到商店里出售“黑列巴面包”，十分粗糙，是他们的主食。肉、牛奶几乎看不到，偶尔会有点罐头之类的东西。

每天早晨，我们在门前、山坡上散步或做其他活动，但有一定的限制，不允许走得太远，而且有苏军跟在后面，总体上来说，还是相对自由的。到后来，限制更少了，我们可以到山上、山下、小河边、小树林等地方随便散步。

几天后，来了三个年轻的女服务员，专管为我们这批人做饭、洗衣服等一些家常事。她们是从山下雇来的苏联人，其中一个叫伊拉的姑娘，挺爱说话。我从她那里知道，原来莫洛阔夫卡在对日作战的时候，瓦西列夫斯基元帅的指挥部就设在这里。的确，这里丛山环抱，覆盖着茂密的森林，可说是绝好的天然屏障。只是气候变化很大，早晚穿毛衣，甚至要穿皮大衣，皮大衣是苏军给我们发的，是军用的那种，不太好看，发给我们的时候，跟我们开玩笑说：“不怎么好看，凑合一下吧，反正这里也没有漂亮的姑娘，不用怕丑。”可一到中午，穿一件衬衫就够了。

自从伊拉她们来了以后，我们每天都可以喝到这里有名的矿泉水，这种矿泉水是很难看的浅褐色，像铁锈水一样，喝下去一会儿就开始打嗝，感觉很舒服，据说这里面含着许多人体所需要的矿物质。

“这矿泉水是从什么地方弄来的？”有一次我问伊拉。

“就在山坡下面，离这儿不远，你愿意的话我领你去看。”

我当然愿意看看这泉水的源头，于是我就提了两个水壶跟她去了，从山坡上下去，走了不到十分钟就到了，在两块大石头的缝隙中间，有个泉眼，泉水就从那里流出来，长年流着，把周围的石头、土地、小草都染成了锈红色。

“别看这颜色不好，喝起来可好呢。”伊拉说着，把嘴对着那泉眼大口大口地喝起来。

她喝完了，我也学着她的样子，对着那泉眼喝了几口，真痛快呀。随后我把两个水壶都灌满了，我们又坐下来休息。

“你是这里的人吗？”我问她。

“我是赤塔人。你是中国人吗？”

我点点头。

“你也是‘抑留者’吗？”她问。

“不是。”

“那为什么把你抓来呢？”伊拉也感到莫名其妙。

“我也不知道。”

她大概觉得很滑稽，便咯咯笑起来，我也苦笑着。

“你家里还有什么人？”我问她。

“母亲，还有一个姐姐在幼儿园工作。”

“父亲呢？”

“跟德国人打仗的时候被俘虏去了，以后就没有了消息。”伊拉的眼里带着忧郁地说，“大概死了。”

像伊拉这样的家庭，在战后的苏联恐怕很多很多。我很后悔触动了她的心事，她再也没笑，坐在石头上，手托着下巴在想着什么。看着她的侧影，突然觉得她的侧脸很像徐明，两个人的年龄也差不多大，不由得想象着徐明一定很苦，我和父亲被抓到苏联后，家里肯定是乱了，才18岁的她，还要拉扯一对还小的孩子，母亲本来就看不上徐明，不可能去管她们娘儿仨的，心里不禁有股牵挂，也陷入了沉思。

这几个姑娘的到来，给我们沉闷的生活带来了一些活气，她们无忧无虑，天真烂漫，干起活来很卖力气。休息时间里，教我们中国人俄语，因为我会俄语，又比较年轻，所以她们好像和我更亲近些。她们常说中国男人长得好看，我问过伊拉，她说俄国人的头发发黄、发白、发花，而中国人都是黑头发；俄国人的眼珠是黄色的、蓝色的，而中国人的眼珠又黑又亮，说脸也比她们俄国人白。

天冷了，这里不烧煤，因为周围都是树林，每个屋子里都有一个“别列大”（一种俄式的炉子），是烧柴的，烧那种油性大的松木和桦木，把圆木先锯成段，然后再立起来分成四块，用桦树皮做引火材料。取桦树皮的时候，一般都是在圆木上划一刀，经风吹一阵后，自然就跷起来了，然后很容易就剥下来的。

这里每天送来两份苏联报纸——《真理报》和《消息报》。《真理报》是苏联共产党的党报，《消息报》是苏联政府主办的报纸。我最大的乐趣就是看报，这不仅可以知道许多事情，而且借看报还可以提高自己的俄语水平。我主动地担任起读报员的工作，把每天报上有关中国的消息看一遍然后把内容讲给溥仪他们听。溥仪对中国的消息没有太大的兴趣，他一心想留在苏联，苏联政府对溥仪特别地优待，使溥仪产生了一个幻想：看样子苏联方面是要严惩日本战犯，大概不会对他怎么样，或许还有希望能够留在苏联。

日本投降后，国民党政府开始通缉汉奸并公开审判。抗战时期追随汪精卫卖国求荣的大汉奸陈公博被枪决，周佛海被判无期徒刑，不久，因心脏病复发死于狱中。这些消息当时在读报过程中都有读到过。溥仪对自己的卖国行为当然非常清楚，所以十分害怕回国，怕落到中国人手里遭受陈公博、周佛海那样的下场。溥仪深知，无论国民党还是共产党，都不会放过他。如果被引渡回国，等待他的只有审判杀头。而苏联和美英是盟国，先留在苏联，以后再伺机从苏联前往英国或者美国去做寓公，逃亡时随身携带的大量珠宝首饰和文物，足够后半生的花销了。他曾经多次给苏联政府，给莫洛托夫写过信，一再表示愿意永远留在苏联，请求允许他“永久居留苏联”。

在苏联的五年时间里，溥仪先后多次口头向苏方提出申请，他还三次让万嘉熙起草给苏联政府和斯大林的信，请求留居苏联，而苏联政府一直没有给溥仪任何答复。

为了达到长期留居苏联的目的，溥仪甚至申请加入苏联共产党（布尔什维克），当他被拒绝以后，还颇不理解地提出问题：“共产党中难道连一个皇帝也没有吗？”在苏联，不但共产党中没有皇帝，公民中也没有皇帝，末代沙皇一家人差不多三十年前就被秘密处决了，而这些对溥仪来说都不是好消息。

溥仪对自己的命运十分担忧，终日郁郁寡欢，每日诵经念咒，乞求佛爷的保佑，寻求一点精神上的安慰。

随着日本战犯一批批被遣送回国，溥仪觉得自己留苏的希望十分渺茫，开始做最坏的打算，他要为自己找一个继承人，一旦自己出现不测，好有人继续自己的复辟大业。他把自己认为最忠心的侄子毓嵒叫到自己的屋子，告诉他："我决定从现在起，立你为我的皇子，以后要称我为'皇阿玛'。"二人向列祖列宗的方向三跪九叩，然后毓喦向溥仪三跪九叩。溥仪嘱咐毓喦今后要更加忠于自己，不忘恢复大清皇朝的基业。

伪满洲国大臣们却和溥仪的想法不一样，他们盼望回去，不愿留在苏联。他们认为中国将是国民党的天下，而他们这些人同国民党的上层人物直接、间接或多或少都有一些关系，就凭这一点，他们确信只要回去，是不会被杀头的，碰上运气，也许还能捞到一官半职。因此，这帮人都希望苏联当局能尽快放他们回去。他们找到收容所的负责人苏联中校沃尔阔夫提出他们的要求。沃尔阔夫回答说："这事只能由苏联政府决定，我个人无能为力，但可以反映你们的意见。"他们又推张景惠、臧式毅、熙洽三个人为代表去见溥仪，希望溥仪能出面向苏联当局联系，请求尽快得到释放。溥仪自然不愿干这种事，便支吾推托。后来，群臣们才知道溥仪的想法同他们恰好相反。所以，自那以后，凡是回国的事，这些大臣们就只有通过会讲几句俄语的于镜涛去直接问沃尔阔夫。沃尔阔夫的回答却总是说："我反映了你们的意见，但是苏联政府还没有明确答复。"

红河子

大约10月初，苏联又把包括溥仪在内的这批“抑留者”们从莫洛霍夫卡转移到苏联的极东重镇伯力市郊的一个叫红河子的地方。

靠近河边有一栋二层楼，溥仪同他的几个侄子住在楼上，伪大臣们住在楼下，我同溥仪的两个妹夫润麒和万家熙住在厨房旁边的一间小屋里。

溥仪蹲在小楼上关起门来做皇帝，由他的侄子和侍从大李伺候着，整天不下楼。在收容所里，父亲的年龄是最大的，当时已经70多岁了，虽经历了这么多的折腾，但精神还可以。他原来抽大烟，到苏联后开始我们两个人一个房间，也没看到他有什么不适的反应，其他的伪大臣们也有抽的，但也没听说有出洋相的，可能是因为他们精神太紧张了，恐惧极了，也就自然地断了念。

父亲因腿不太好，很少出去，在屋里背他的《般若波罗蜜多心经》，每天做他的“蛤蟆功”，即闭上眼睛静坐并盘着腿。臧式毅成天低着头，围着小楼的走廊转。熙洽待在房里写他的古诗。于镜涛成天到晚在走廊里不知要打上多少套太极拳。邢士廉、于静远、阮振铎等人无事可干，就凑到一间小屋里胡聊。虽说他们各自消磨时间的方式不同，可伪大臣们却无时不想着什么时候可以回去。盼望回国心切，所以他们把什么事情都和回国的问题联系起来。比如，天气凉了，可是取暖的煤还不见运来，他们就猜想“不久可能放我们回去，因为过冬的煤都没有准备”。过几天煤运来了，他们又大失所望，垂头丧气了。一天，他们从来帮厨的一个姓崔的中国人那里听说国民党的一个代表团到苏联来了，就住在河的对岸。这消息对他们来说显然是爆炸性的，他们想国民党这个代表团可能为给他们交涉回国而来的，因此如能把他们的情况告诉代表团的话，对交涉他们的回去可能有利。怎么才能见到代表团呢？从河上偷渡过去，不行，没有船，再说河边也有苏联的流动哨。想来想去只有一个办法，就是给代表团写封信，请那个姓崔的带去，因为崔是自由人，行动方便。姓崔的答应了，就在他们写信的时候，姓崔的又告诉他们说代表团已经走了，又是白白的欢喜一场。没办法，求人不灵，只得求神了。几个信奉占卦的伪大臣，用两根细棍绑成一个十字架，两个人扶着，在沙盘上念念有词的占起卦来。

“请大神赐教，我们何时能够回家？”

但是不管念多少请神的咒语，神就是不降临，一连搞了多次都不成。后来他们恍然大悟，因为苏联是个无神论国家，神自然是不会到这里来的。

这里是伯力第45特别收容所的分所，所长捷尼斯少校兼任分所长，但他不是每天都来，平时这里只放一个中尉处理日常事务。有一天捷尼斯来了，我做翻译，他问溥仪是否有贵重的物品，如果有，为了安全最好交给苏联财政部门保管，需要时再退还给他。溥仪正盼着留在苏联，他想既有这个机会，正好可以向苏联政府献殷勤，也许对自己更为有利，于是把原来他准备带往日本的那些金银珠宝拿出一部分赠送给苏联政府。

“我有一些珠宝准备赠送给苏联政府，所以就不必保管了。”溥仪说。

伯力第45收容所

捷尼斯想了一下说：“谢谢您的好意，我看还是先保管起来再说吧，您能先让我看看吗？”

“可以。”溥仪说完就叫他的一个侄子提出两个黑色皮箱来，每个约有两尺高，两尺长，一尺宽。皮箱打开了，里面尽是金条、金饼子、珠宝玉器，还有大量的各种式样的手表、怀表及小型座钟，其中还有外国皇室赠给西太后的东西。

捷尼斯很吃惊，他没有想到一个准备逃往国外的傀儡皇帝会随身带这么多的贵重物品。其中有一块手表，他拿起来左看右看，爱不释手，并暗示溥仪说：“假如我妻子看到这块表，一定非常喜欢的。”

溥仪马上明白了他的意思，说：“如果您夫人喜欢，就送给她吧。”

“真的？”

“当然。”溥仪说。

“那么我代表妻子向你道谢了。”捷尼斯说完便把那块表揣在兜里了。

第二天捷尼斯和翻译别尔缅果夫带着苏联财政部的人来，把两皮箱的东西都一件件过目记录之后取走了，给溥仪留了一张报关收据，名为“保管”。

1946年春，苏联政府责成伯力内务局，为揭发日本帝国主义侵略东北及反对苏联的罪行，对溥仪及其伪大臣们展开了调查审讯工作，负责人是库得里亚采夫上校。翻译是说着一口流利中国话的别尔缅果夫，他1939年在苏联驻哈尔滨总领事馆工作，教苏联情报人员中文和日文，后来溥仪去东京远东国际军事法庭作证，也是他跟着去做翻译。

溥仪曾多次被单独接到内务局去，进行调查审讯。我父亲张景惠也被叫去过一次，内务局要他回来组织其他伪满大臣们一道集体搞出一份揭发日本帝国主义罪行的材料。这些人在凑材料的过程中，始终是很矛盾的。揭发日本在东北的统治越彻底越能说明他们自己是听从日本人摆布的傀儡，而且也暴露出他们自己同日本人勾结投敌叛国的罪行，溥仪当时的心态也是如此。这些情况我也向苏方反映过。

1946年8月，溥仪穿着苏联专为他赶制的一套咖啡色西装，到日本东京（远东国际军事法庭）去出庭作证了。溥仪自己的揭发，加上伪大臣们集体搞的那份揭发材料，构成他控诉日本帝国主义侵略东北罪行的全部证词。

审判日本战犯法庭上的溥仪

他的证词因为都是第一手材料，所以对日本军国主义侵华罪行做了非常有力的揭发，很受国际法庭的重视。同时也发生了件意想不到的事儿，差点要了他的命。中方证人指出，他是自愿当傀儡的，他们出示了溥仪写给日本关东军司令部的信，信中感谢日本对他的信任，称日方让他当“满洲”皇帝是正确地选择，并表示要死心塌地地效忠。他为了掩盖这一事实，当庭发誓说这封信是伪造的，中方代表要求进行笔迹鉴定，鉴定结果确定是溥仪写的，这意味着他可能和东条英机等甲级战犯一样被处以死刑，随后经苏方同中方代表几次谈判，结果才同意不在法庭上公布鉴定结果。

1946年，溥仪还未离开东京时，国民政府再度向苏方交涉引渡溥仪，但苏方考虑到自身利益，还是把溥仪带回了苏联。

溥仪从东京回到伯力之后，可能是受了些刺激，情绪很不稳定，苏方为了安全，没有马上送他回原来的地方，而是把他安排在红河子的另一个地方。当时同他在那个地方的只有我做翻译和两个苏联士兵。

溥仪这次是以苏联方面提出的证人身份出庭作证的，因此他自认为为苏联出了力，也许会得到苏联政府的青睐把他留下，但是回来之后，没有叫他回到原处，没有和他的侄子、妹夫们团聚，而是一个人孤零零地被关在这里，因此就觉得苏联方面是要“卸磨杀驴”，证词作了，日本人在东北的罪行也揭发了，这回要把他送回中国了。况且，他在东京法庭上曾经见到中国方面的代表，那人也向他说过“以后到中国见嘛”，那个律师可能是无意说的，可溥仪确信，人家是要等他回国后再找他算账。他还记得在法庭上一个美国律师对他说：“你把一切罪行都推到日本人身上，可是你也是罪犯，你终究要受到中国政府的审判！”大概这一天就要到来了。那几天他茶饭无味、坐卧不安，甚至他同我闲聊时还流露过轻生的念头，总之，他的思想斗争非常激烈。我把这一情况讲给了捷尼斯，他们及时对他采取了必要的安抚和教育，并让他的侍从和一个侄子搬过来和他同住，伺候他。

溥仪有人照顾也就平静多了，这好像比什么都管用，因为他有生以来从没体验过没人伺候的生活，当皇帝时当然不用说了，就是在苏联做俘虏，他也一直让他的侄子和侍从大李伺候着。吃饭要别人从食堂给他打回房间吃，用水也要侄子们轮流给他打回来，厕所也不去，让底下人轮流给他倒尿盆。

提起厕所，别说是溥仪，就是一般人也要提着精神去，小便什么地方都可以了，大便的地方是在一个山沟上搭着圆木，脚踩在两个圆木上，底下很深，便下去的东西都听不见。而且又是在风口，从底下刮上来一阵阵凉风，确实不是一种享受。所以溥仪从东京回来单住的那几天，连厕所都没有去，我太能理解他了，我小时候也是连裤子都不会提，如果我不是走出了那个家庭，也会像溥仪那样被伺候成了废人。

溥仪的心情稍有好转之后，他每天总要苦思冥想地写些什么。开始我以为他在写日记，后来才发现他是在写菜谱，写得十分认真详尽，比如早饭吃什么点心，配几样小菜，中午和晚饭的主食吃什么，配几样什么菜，荤素搭配，咸甜有致。更为难得是每天一份菜谱，他一共写了好多天的菜谱，没有一份是重复的。我想如不散失，这倒是一套很有意思的宫廷菜谱。

在这里又待了几天，才把溥仪又送回原来的地方。

因为对日本人的揭发已经完了，也就不怕串供了，没有必要再单独关押这批人，所以不久便把他们一起从红河子搬到伯力市内第45特别收容所，和关东军的将官们关在一起了。

第45特别收容所原来是一所工业专门学校，二层楼带地下室，还有一个长方形的小花园，这是大家唯一的活动场所。第45特别收容所之所以“特别”，就是这里关押的全是关东军将官以上的军官，包括关东军司令山田乙三和参谋长；还有伪满皇帝及各部大臣及部分伪满军区司令官，没有一般战犯，也没有一般抑留者，所以这里也称作是“将官收留所”。如果说在这“特别”收容所里也有一点儿“特别”人的话，那就是随同溥仪的几个人和我，因为我们这几个人按“级别”哪个人也不够关在第45特别收容所的资格。

中国人住楼下，日本人住楼上，食堂在地下室。每人每月还发给一点儿零用钱，30卢布，我们这几个人减半，据说这已经算“校级”待遇了，说是零用钱，其实也花不了，因为出不去，买不了东西。只是每个月苏联的国营食品店到这里来一天，卖些烟、酒、糖果之类的东西，大家总是把每月拿到的钱在这一天里一次花光，留着也没用。

我最初也是一次花光，后来我问苏方是否能买书看，他们说可以，从那以后，我就把大部分的钱省下来买了书。

书是最好的伴侣。《高尔基早期作品选集》《列宁主义诸问题》《青年近卫军》等，我一本本读下去，它们给我带来快乐和知识。只要拿起书来，我就会忘掉这灰色枯燥的二层楼房，忘掉眼前这一切的不愉快。

苏方对溥仪还是挺照顾的，给他发酒，都是日本的月桂冠等名酒。大都是从中国东北运回来的，苏联打败日本关东军以后，作为战利品，从伪满仓库中运回了大量的物品。我们在伯力时期吃的、穿的、用的基本上都是“伪满造”。

这里有两份报纸，《真理报》和《消息报》，我负责给楼下的中国人读报，关东军有个叫黑田的负责给楼上的日本人读报，所以每天读报对我来说不仅是一个很好的学习，也是工作。说是读报，实际上是把俄文的报纸一边看一边用中文说给他们听。

自从1946年6月，国民党挑起内战后，开始对我们的形势不利。我当时的心情比较沉重，唯恐我们奋战多年得来的果实又被蒋介石抢了去，那样又会重新陷我人民于水深火热之中，中国革命胜利又不知要推迟到何年何月。那些伪满大臣们和伪军管区司令官们却在暗暗地高兴，背里他们议论着。

“一个国家不能有两个党，不剿灭共产党，中国就好不了。”

“国民党早有准备，几十万大军，就是为了对付共产党的嘛。”

1947年3月，我党撤出了延安。延安当时在全中国人民心中是个神圣的地方，是党中央所在地，是希望。为什么要从那里撤走，难道我们真的被打出去了？在我的脑袋里闪过这样的问号。我确实不理解撤出延安的意义，但我还是相信我们是不会败给国民党的，因为中国的广大人民支持我们，正义在我们这一边。

我记得那个月，也就是我党中央从延安撤出的那个月，好多伪满大臣和伪司令官们，用当月的30卢布全部买了酒，大概是为了庆祝国民党的“胜利”吧。

1947年夏天，有一天捷尼斯把我叫到他的办公室，屋里坐着一个我从未见过的苏联军官，捷尼斯也没有介绍，我坐下之后，那军官突然问我：“您希望回国吗？”

“什么，您说什么？”我几乎不敢相信自己的耳朵。

“您希望回国吗？”他又重复了一遍。

“当然希望，这是我多次向你们请求过的。”我的心砰砰地跳起来。

接着他说，准备把我送到大连，潜入国民党统治区为苏联工作。当时我就拒绝了，我想在苏联期间协助他们工作一段儿，待到回国也就自然结束了。但是如果进入到国统区，正式为他们工作下去，那就可能遥遥无期，再想脱离就不容易了。更重要的是，我已经是个有组织的人，在没有得到组织同意的情况下，不应该也不允许同另一个国家的组织发生关系，尽管苏联也是共产党领导的国家。

“不要这样匆忙决定，您还是慎重地考虑一下吧。”那军官说着点上一支烟慢慢吸起来。

“不，我不想回到国民党统治区为你们工作。”

军官说：“如果是这样，那您还是回不了国。”

“你们为什么不能把我送到解放区呢？比如延安。”我说。他笑了笑说：“这不好办，因为中国共产党还没有自己的政府。”“好吧，那我就只好等下去了。”

“您真的不想现在回去吗？只要您答应进到国民党统治区为我们工作，您就可以马上回去了。”他还想说服我。

“不，我不想这样回去，我可以等。”我说。

他失望地耸了耸肩说：“那好吧。”

就这样，我回国日期被无限期地拖下去了，直到1950年5月。

1947年秋天，我和润麒、万家熙，还有溥仪几个侄子，我们这几个相对年轻的人，由两个苏联小兵带着，到伯力郊区的集体农庄参加秋收。我们住在帐篷里，劳动由农庄安排，苏联小兵只管联系。和我们同时参加秋收的还有一些苏联的犯人，刑期长短也不一样，长的有六七年的，短的有一两年的。

第一天，农庄的一个老头儿，把我们领到一片草地的前面，说：“这里种的是卷心菜，都把它砍下来，干吧，小伙子们。”

面对这一大片齐腰高的荒草地，我们都愣住了，卷心菜又在哪里呢？

“卷心菜在哪儿？”万家熙问，他是我们这个劳动小组组长。

老头儿钻进草丛，用手扒拉着，然后把一棵比苹果大不了多少的卷心菜指给我们看，“喏，这就是。”

“你们为什么不除草？”我奇怪地问那老头儿。

老头儿耸耸肩说：“没有劳动力呀，年轻人都去打仗了。”

的确，我们来到这里遇到的净是些老人和妇女，年轻男人几乎见不到，农庄当时的主要劳动力是年轻妇女。庄员们的生活很艰苦，吃的是带麸皮的黑面包、土豆，其他青菜几乎见不到，更谈不上吃肉了。如果自己家里有一头奶牛，可以喝到牛奶，这已经算最好的生活了。衣服也很糟糕，有些妇女穿着日本军大衣，这些都是从东北拉回来的战利品。

这里的活的确不轻，其实累点儿年轻人并不在乎，最难受的是蚊子太多，咬得睡不好觉。晚间睡觉之前总要点上些柴火，把帐篷里熏一熏，不然就无法睡，就是熏了也要用被单把全身和脑袋都蒙上，稍露一点儿就会被蚊子咬上数不清的包。即使这样，我还是愿意出来参加秋收，变换一下环境，接触一些苏联的普通公民，总比蹲在收容所里要好得多，每年我总是盼望这个季节的到来。

有一年我又去参加秋收，劳动还没有结束，一天下午，收容所开来了一辆车，说有事接我回去。我上车后没走多远车就坏了，司机到附近农庄修理汽车，把我安置在一个农庄庄员家里过夜。主人是一对热情好客的老夫妇，他们把自己的床让出来给我睡，他们自己睡在沙发上。第二天一早，车修好了来接我，主人又为我准备了一顿至今难忘的早餐：刚出炉的面包，散发着麦芽的香味，用油煎过的新鲜土豆，还有一大杯刚刚挤出来的鲜牛奶。东西很普通，但吃起来却好吃极了。我想这里的奥秘就在一个“鲜”字。面包、土豆、牛奶无一不是新鲜的，那以后再没吃过那么好吃的早餐。

1947年7月，解放军开始了全面反攻。《真理报》上对我军反攻和解放某地的消息，每天都有较为详细的报道，确实令人兴奋。每天醒来，第一件事就是想着今天的报纸上又会有什么好消息，我们又解放了什么城镇。那些伪满大臣和司令官们并没有因国民党节节失败而悲观，因为他们根本不相信苏联的报道，这也难怪，他们是被日本人骗怕了。就在日本本土已经吃了两颗原子弹以后，在苏联对日开战的前夕，日本人的新闻报道机关仍然叫喊着“皇军必胜”“武运长久”等骗人的鬼话，结果没几天日本就投降了。所以他们认为苏联也在为中共编造着骗人的鬼话吧。他们虽然不相信苏联报纸上关于中国解放军节节胜利的消息，可他们对《真理报》上当时党中央撤出延安的报导却是那么确信无疑，这种自欺欺人的做法，他们自己一点也不觉得滑稽，或许是他们的阶级本能决定的。

1948年10月，锦州被我军打了下来，接着是长春国民党东北“剿总”副总司令郑洞国率第一兵团直属部队和新七军官兵投降。长春和平解放，这个消息大大地震动了溥仪和伪满大臣，因为中国解放军已经打到他们老家了。

我军解放一个城市又一个城市，大量的事实迫使他们再也不能不相信了，他们的心情随着我军不断胜利的消息而越加沉重起来。早晚念佛诵经的人越来越多。为了消磨时光，他们开始押宝赌钱，用每月苏方发给他们每人十几盒的香烟作赌注。先是一摊儿，后来增加到两三摊儿。日本战犯在楼上打麻将，中国人在楼下押宝，整个收容所成了一个赌博俱乐部。

1949年4月我军开始和国民党谈判，由于国民党拒绝和平协定而破裂，随即毛主席、朱总司令发出向全国进军的命令。接着在长达五百公里的战线上，强渡长江，摧毁敌人的长江防线。4月23日，又解放了国民党22年来的反动统治中心南京，宣告了国民党反动统治的覆灭。5月27日，解放了中国的最大城市上海。

这时捷尼斯所长已调走，所长换成了阿斯尼斯大尉。一天他走进伪大臣们的房间，问他们："你们知道你们国内的情况吗？"

"从报上我们了解一些。"

"中国解放军真了不起。"阿斯尼斯挑着大拇指说，"南京、上海都解放了，你们国内形势现在很好。"

伪大臣们听他说着，一个个脸上露着苦笑。

1949年10月1日，中华人民共和国成立了，从此我们有了自己的政府。

阿斯尼斯把这条特大的消息，及时地告诉了溥仪和伪大臣及司令官们。他们虽说忧心忡忡，因为所长说了几句祝贺的话，所以他们也不得不说上几句感谢之类的话。

当时最兴奋的就是我了，因为每当我问起何时能送我回国时，苏联方面的回答总是："等你们有了自己的政府。"这回好了，我们已经有了自己的政府，我想大概离我回去的日子不会太远了。

纳霍特卡

1950年3月，一天阿斯尼斯大尉通知我到伯力另一个收容所去集中，准备第一批送我回国。我高兴极了，能见到同志们了，能见到徐明和孩子们了，日日夜夜盼着的这一天，终于要来了。父亲知道了这个消息后，高兴地对我说："见到家人告诉他们我很好，别惦记啦。"因为从1945年8月以来，我们同家里就完全断绝了音信，死活都不知道。其他那些伪满大臣们也都写了自家的地址或者电话号码，托我给带个平安。

我背个背包离开了第45特别收容所之后，便同苏联方面断绝了工作联系。关于我在苏联的这段工作他们如何评价，是否该有个证明材料等问题，我没有考虑过。最后我同阿斯尼斯告别的时候，他没有谈，我当时不太懂也没有问他。我的想法很简单，想着凭着自己的觉悟，凭着国际主义精神，我为苏联做的是对革命有意义的工作，是应该的。在苏联的五年间，我也学到了许多东西，没有白白度过。想到这些也就心安理得，别无他求了。可是回国之后，我才逐渐认识到在苏联的五年间，没有得到苏联对我工作的证明，是件很麻烦的事。因为很难说清楚，又没有人给我证明，所以后来在政审、入党等问题上，被多次要求说清楚这段历史，可总不能说服所有的人。想来都怨我自己，当时不问清楚，如今时过境迁，追悔莫及只好由它去了。但是出乎我意料的是，后来听说苏联方面还是通过外交部给我们组织寄来了一份关于我在苏联协助他们工作的证明材料。

第一批被批准回国的一共两百多人，多数是伪满县长、警察、特务之类的人，还有少数是在东北沦陷时期偷着跑到苏联那边去谋生的老百姓。从伯力到纳霍特卡，我们被关在货车箱里走了两天，在路上每人发给八百克黑面包，两人一桶美国的猪肉罐头。纳霍特卡是苏联在极东地区新开辟的一个海港城市，当时还在建设中，城市不大，却担负着苏联送还日本战俘的繁重任务。

1945年日本投降以后，苏联军把在中国抓到的日本俘虏带回了苏联，关东军的将级军官和伪满洲国的日本官员被单独关押起来，而把一般的日本士兵和下级军官们按一千人一个大队的编制，带回西伯利亚战俘营，他们强制这些日本俘虏劳动，当时苏联在二次大战时死了很多人，劳动力急缺，修铁路，建工厂，都是用的这些日本兵。苏联把日本在中国东北的很多工厂设备拆到苏联重装，这一大批日本兵有六十来万，跟我们同期到的苏联，但和我们及他们上司的生活是有天壤之别的。我们除了不自由外，生活待遇是当时苏联将校级军官待遇，而这些日本兵的生活很艰苦，连肚子都吃不饱，还要干很重的活，即使是零下几十度的冬天，也要在野外干活，有不少冻死、病死的。据说有十分之一左右的日本战俘最后没能回到日本，日本政府和苏联政府多次交涉达成协议，从1950年开始，日本出船把这些日本兵从纳霍特卡港

抗日战争结束后，近60万东北日军俘虏被苏军迁往西伯利亚，也有少数日俘得以随东北日侨遣返回国。图为1945年东北日俘由葫芦岛遣返回国

分批接回日本，正因为要遣返大批日本战俘，纳霍特卡才热闹起来，城市建设赶不上人口增长，为了那些日本兵，苏联当局把许多兵营、仓库都腾出来做了临时收容所。我们这二百多人也被带到这里，住在一个收容所里。大家都不明白我们回国是要坐火车，为什么还要从伯力拉到这个海港来，和日本人一块儿等船。后来我们还是从这里坐火车回国的，我想是苏联人搞错了。

一到纳霍特卡，苏联的管理人员就告诉我们说不再另行拨款给我们，让我们自食其力，并宣布了几条规定：

一、在我们当中推选出一人负责同苏方联系。

二、成立一个生活小组，一部分人到外面劳动，另一部分人负责采购和做饭等日常生活。

三、除病号外，每人都必须参加由苏方指定的劳动，劳动收入多少决定大家的生活标准。

按照规定，我们推选了一个姓林的俄中混血儿做了联系人，为了生活我们把人分开，成立了一个生活小组。这里最糟糕的是没有蔬菜吃，连苏联到处都有的土豆这里都没有。唯一的能说得上是菜的就是海带了，我们每天轮流着到海边去捞海带。拿回来用它炖肉，做饺子馅或者凉拌。劳动的地方有工厂、修路工地、医院等等，每天干活时间是早8点到12点，中午吃饭休息一会儿，下午2点到6点，一天8个小时。中午饭要回到我们自己住的地方吃，最初还好，每天三顿饭，顿顿是海带，几天之后就倒了胃口，看见那玩意儿就不想吃，可不吃又怎么办，人不能一点儿菜都不吃呀。

我先是被分到一个咸鱼工厂劳动，工人先把新鲜的大马哈鱼开膛洗净，然后让我们往鱼身上抹咸盐，里外都要抹均匀。然后再把抹好盐的鱼一条一条整齐地放在箱子里，推进冷藏库。这活儿并不复杂，只是往鱼膛里擦盐的时候，总不免被鱼刺扎破手，然后再去沾盐就疼得钻心，但又不准戴手套，据说戴上手套就感觉不出盐的均匀程度了。

我在这个咸鱼工厂干了二十多天，天天手疼得厉害，心里想着要是能换一个工作该多好。果然有一天通知我去市里的医院，不再去咸鱼工厂了。像我们这些人到医院去能干些什么，我想大概是打扫卫生之类的活吧。

我们一共去了三个人，有一个苏联兵带着，先到医院外科办公室等了一会儿，来了一个苏联老头儿，他进来以后打量了我们三个人一眼，什么话也没说，就带我们走了。我们来到医院后面一间没有窗户的大房子前面，老头儿掏出钥匙开了那扇铁门。我们进到里面一看都惊呆了，原来这里是个冷藏库，四面靠墙都是木板架子，架子上堆放着光着身子的尸体，男女都有，原来是“停尸房”。

“这些尸体是供医院里解剖用的，这边放着的是已经解剖完的，那边的都是还没有解剖的。”老头儿说着走到一具尸体前把它脚趾上挂着的小铁牌儿翻给我们看，“你们看，每个尸体上都有编号，他们来取尸体的时候，你们一定要看清编号，不要弄错了。你们的工作就是搬运这些尸体。”

“架子上的尸体都是按照编号停放着的吗？”我问他。

老头儿摇着头说：“不完全是，有的已经乱了。所以你们平时要熟悉每个编号的尸体放在什么地方，这样到时候找起来才会快。”

每天经我们手搬出来搬进去的尸体少则七八具，多则十几具。不搬运的时候，我们就熟悉每具尸体的编号和位置。

中国有个词叫“死沉死沉的”，通过这活儿我可真的有了体会，死人确实沉，尤其是头部。如果不是冷冻了可能还好些，经过冷冻的尸体，又凉又滑又沉，搬起来格外费劲儿。最初我一接触到那冰冷滑腻的尸体皮肤，马上有种异样的感觉，说不上来是个什么滋味。几天后，就慢慢地习惯了，“死尸”这个似乎很恐怖的概念，从我的脑子里渐渐地消失了，后来搬动起来就如同搬一片猪瓣子。我想在动物界中人的适应能力恐怕是最强的了，任何事情渐渐都会习惯的。

在咸鱼工厂的时候，我盼着尽早离开那里，换一个什么工作都行，结果换到了医院，谁料到这个工作还不如咸鱼厂，但我不再想换什么工作了，因为我逐渐懂得了世界上没有不付出代价的劳动成果，你不付出这方面的代价，就得付出另一方面的代价。劳动本身就是付出，就是奉献，就是创造。

在纳霍特卡待了两个来月，也劳动了两个来月。说实话，除了在苏联收容所干过一点农活儿外，我自从长这么大还真没干过什么体力活儿。这两个来月的劳动，不知道别人感觉怎么样，对我来说确实是一个考验，一个很好的锻炼。

重返故土

1950年5月，我们这第一批二百多人从纳霍特卡坐火车回国了。我那激动的心情就不必说了，坐在火车上全想着回去的事。新中国成立了，东北会变成什么样子？徐明是不是也参加了工作？在什么地方呢？当我离开长春时男孩儿只有两岁，女孩刚出生不久，如果还活着的话，一个该是七岁，另一个该是五岁了。田琛是否还在长春？大哥、孙平他们又在什么地方呢？这些问题，来来回回萦绕在我的脑际。

火车到了中苏边境的绥芬河车站停住了，我们又换成了中国自己的火车。车厢的窗子都是用报纸糊着的，车站上站岗的是年轻的解放军战士，手握钢枪，精神抖擞。看到中国方面接收人员胸前那几个“中国人民解放军”的字样，我心里感到热乎乎的，好像见到了亲人。

中苏边界的绥芬河车站旧址

火车又开动了，解放军送来了早饭，大米稀饭、面包、咸菜。五年没有吃到家乡的大米稀饭和咸菜了，吃起来比什么都香。

火车行驶着，不知要去什么地方，大家小声议论着，猜测着，我倒没有更多地去想，去哪儿都一样，反正已经到了祖国。祖国啊，你离她越远似乎看得越清楚；你离开她的时间越长，就越想念她，有时甚至想得睡不着觉。五年啦，这五年是那么的长，好像是几十年。但又是那么短，记忆里好像没留下什么，犹如浮缭的云烟，匆匆而过。

火车停下来，原来到了沈阳。公安部门用好几辆面包车把我们这二百多人直接拉到了一所监狱。我不禁暗自苦笑，我没有蹲过敌人的监狱，现在解放了，反而尝到了铁窗的滋味，真是"大水冲了龙王庙，一家人不认一家人了"。不过也是，我是夹在伪满那些警、宪、特当中被送回来的，苏联又没有打过招呼，组织上怎么会知道我回来了呢。

我们的监号在二楼，透过铁窗可以看到楼下放风用的小院子，下午一些年轻女犯在那里练习跳秧歌舞，边跳边唱"解放区的天，是明朗的天……"那歌词曲调挺好听的。监号里一共关了七个人，一个伪县长、两个警察、三个特务和我。墙角上放着一个便桶，每天放风时间大家轮着去倒。

过了几天，监狱里发下一个表格让我们填写，上面有"家庭情况""社会关系""参加过何种反动组织及会道门"等栏目。我正好利用这个机会，在"参加过何种反动组织及会道门"的栏目里，简单地写了一下我的情况，我没有参加过任何反动组织，反而参加过党领导下的"东北青年救亡会"，还写了参加的时间、地点和领导人。把表格递上去以后，一天上午来了一辆吉普车，把我从监狱里接出去，接到了东北公安部，见到了当时正在那里工作的大哥和高亮同志，我终于见到了组织和亲人，高兴得不得了，和他们握手拥抱。

"才知道你回来了。今天溥仪他们刚刚从苏联回来，他听说你们第一批回来的人都被枪毙了，很害怕，所以要你去见见他，证明一下那是谣言，安慰安慰他。"大哥说。

我听大哥一说，才知道了溥仪和我父亲等伪满大臣们也被送回来了，他们是1950年8月1日离开苏联，8月4日先到沈阳见了高岗后才送抚顺战犯管理所。

听说溥仪在知道要送他回国时，非常紧张，他知道这么多年做日本人的傀儡，帮日本人做了不少的坏事，国人们不会饶了他，情绪相当的不安定，他弟弟溥杰把这个情况反映给了苏方，苏方为了安全，在送他们回国时，把他和手下人分开，单独把他请到苏联军官的车厢里，第45收容所的阿斯尼斯所长及翻译和他比较熟，竭力安慰他，他才稍微平静一些。可一到中苏边境的绥芬河站，看到站在周围持枪的解放军战士，就又紧张起来了。到了沈阳车站时，更是有些不正常了，怕下车就被枪毙，当时东北政府主席高岗，要见“末代皇帝”，东北公安部从接收干部那里，得到在路上溥仪情绪不安定的报告，怕影响领导接见，所以想到了我。

我被带到位于沈阳市和平区南京街81号的东北公安部一个颇为宽敞的会议室，中央摆着一个很大的椭圆形台桌，上面铺着雪白的桌布。围着长桌坐满了人，桌上摆着许多西瓜、苹果之类的水果，还有糖、点心和香烟等。桌子把头儿坐着当时的东北人民政府主席高岗，挨他坐着的是当时东北公安部部长汪金祥。溥仪和我父亲他们也坐在那里。还有伪满军事部大臣邢士廉、外交大臣阮振铎、经济大臣谷次亨、勤劳奉仕大臣于镜涛、尚书府大臣熙洽、参议府议长臧式毅、文教大臣卢元善等。

“张景惠的儿子——张绍纪来了。”有人说。

“他们听说你们第一批从苏联回来的二百多人都被枪毙了，你是第一批回来的吧，你说说。”汪金祥对我说。

溥仪的两眼直直地看着我。我告诉他，我是第一批从苏联回来的，我们一共二百多人，现在都很好，没有一个人被枪毙的。溥仪听了之后，似乎不那么紧张了。

说完我转身出来，被带到了一个办公室，当时担任东北公安部政保处副处长的解衡接待了我。他说：“这回回来了，你的意思是继续搞地下工作呢，还是公开身份？”

我说：“听从组织分配，如果问我个人意见，我当然希望公开，这样也能多学习一些东西。”

解衡微微点了点头，说：“这个问题我们再研究一下。”

我又回到了监狱，同监号的人都好奇地问我，去这么长时间干什么了。

“问我一些情况。”我随便答了一句。

大概又过了几天，就接我出来去了解衡那里。

他一见我就说：“组织上同意你公开身份，看你还有什么问题吗？”

“我想改个名字。”我说。

“改什么名？”

“改成张梦实。”

“好，这个名字起得好。”他说。接着他在“介绍信”的空白处填上了我的新名字，随后把信交给我说：

“这是工作介绍信，分配你到抚顺战犯管理所工作，管理战犯。现在你可以先回家去休息几天，然后再去报到。”

我拿了信出来。介绍信上写着“介绍张梦实同志到你所工作”，这是我第一次用了“张梦实”这个名字。

在回家的路上，我在想家是个什么样子呢，徐明是胖了还是瘦了，还和先前一样？人真是奇怪，马上就要亲眼见到的事，何必又去想它，而且还想得那么多那么细。

到了，那是东北公安部一个二层楼的家属宿舍。一间约有十平方米左右的小房间，一张双人床，一个小桌子，一把椅子，靠墙角放着原来家里的两个旧皮箱，虽说东西都是旧的，但却收拾得干干净净。

大哥怕徐明过于激动，在我回家之前，已经告诉她说我回来了，所以她见到我时并没有那么突然，然而由于激动还是流了不少欢喜的眼泪。她比以前略微瘦了一点儿，但精神很好，两个孩子都送幼儿园，周一送去，周末接回来，她在和平区卫生院上班。当天晚上我们几乎说到天亮，五年的风风雨雨，真是说不完的事，道不完的情。

我盼了五年，她也盼了五年，终于盼到了这一天。

我走后的妻子和孩子们

（我妻子徐明主诉）

1945年8月，绍纪和父亲被苏联军队带走的那天早上，同时来的四卡车苏联兵把家围了起来。除家里人外，老妹妹（毕鑫）也在，都被关到老太太的房间里。先清查家人，又清查了仆人们。老太太叫来管家，协助苏军登记。在苏联兵的命令下，谁都不让随意走动，必须待在房间里。苏联兵开始对所有的房间，包括厨房、厕所，甚至佣人们的住处，都毫无遗漏地搜查了一遍。楼上有六太太住的几间房，还有两间房是家里人专门放衣服的，绫罗绸缎、高等裘皮、四季的服装等一些值钱的衣服，苏联军装箱都给拉走了；另外还有一些古玩字画、家具等贵重东西都被装上了他们的卡车。

整个一天谁都没吃饭，晚上苏联军的大师傅做的饭，端了一盆炸油饼过来给我们吃。晚上大家因为惊恐不安，坐了一夜，谁都没有合眼，只有两个孩子睡了。

第二天，苏联军队说可以回自己的房间了。当时传说苏联军队可坏了，专门欺辱妇女，谁也不敢回自己的房间，大家还是在一起。佣人们能回家的都回自己的家了，有的家在外地，因交通不便回不去的，就还和我们住在一起。这天，苏军的一个少校告诉老太太和我，说绍纪和父亲被苏军的飞机带到苏联去了，我们对他们的吉凶非常地担心，于是老太太带着我们整天在观音案前跪拜祈祷，请神仙保佑绍纪和父亲的平安。

因为我碰巧被关在老太太的房间里，苏联兵在搜查时也没把我们轰出去搜查这间屋，所以老太太的一些金银首饰等值钱的东西都留下来了。这些细软是在后来苏军放松一些的时候大家帮她转移出去的，不光是我，老妹妹还记得当时她抱着我的孩子还帮着带出去过首饰。正因为有了这些东西，所以我母亲后来手头很有钱，她和小妹（露娜）在生活上没受什么罪，可她对我和她的孙子们是很苛刻的。

六太太没引起人们注意，张家一出事，她就带着她的儿子（绍兴）走了，再没回张家来。

没多久苏军撤走，国民党进了长春。有一天，国民党的一个军官找到老太太和我，让我们搬到我们在建国胡同一号的家去住，说这楼他们要征用，限几天内搬出。还说蒋介石的夫人宋美龄看中了这座小白楼，准备到东北来视察时住这儿。

我们搬到了建国胡同一号的家，二层小楼几乎住满了国民党军官和家眷。只有一层靠近门的两小间和一大间还空着。老太太住一小间，马连荣住一小间，马连荣一直没结婚，一直跟着我们家，因在皇姑屯事件中救过父亲，所以家里人都特别对待他，他和老太太一样享受“单间”。剩下的人就和我住大屋，我们临来时，苏军给我们在这间大屋里搭了一圈板铺。我们搬过来的时候，什么也不让带。虽然有住的地方，可没吃的，我就和他们说想取些粮食过来，苏联军同意了。可过去一看白面、大米都没有了，只剩下地下室仓库里发霉的高粱米，都结成块了。我们装了六七麻袋，拉回建国胡同一号的家，先把发霉的高粱米用水冲，连搓带洗，洗白了再做水饭吃。当时管家和佣人们有的没有走，一共13口人，大家为了节省粮食，每天吃两顿水饭。

老太太住了两个多月，就和小妹露娜被接到九叔（老头儿远房的一个弟弟）家去了，我有事或没钱了，就去找老太太，有时老太太给两个，后来干脆不管了。过了年3月份，马连荣得了霍利拉（霍乱），头一天和我说：“少奶奶我拉肚子了。”第二天再一开门，人都变了样了，皮包骨。我一看坏了，因为当时得了传染病，被发现都得隔离，所有用的东西都得烧掉。周围的人也都得跟着倒霉，有的甚至一块被烧死了，我怕被别人知道，尤其是楼上还住着个四川的国民党军官，有时老往楼下凑合，我们楼下有个走廊门，我就叫人把住走廊门，别叫人进来。我去找高继忠的老婆（助产士），要消炎药，回来我就喂药给他，一边喂一边跟他说：“马大哥，你可不能死啊！现在你一死，我们全家也都完了。都得让人烧死。”他点点头说：“不能死。”我没钱去给他买药，和老太太要，她也不给，没办法回来我掏马连荣的兜儿，他兜里有钱，给他买了药。可就是这样，那天晚上他也死了。我找到做饭大师傅大老白的弟弟二老白，让他帮我处理丧事。我说有报酬，你办完了事，马连荣的东西都归你，马连荣一辈子没结婚，存了一些东西和钱。我和二老白雇了辆板车，顺着窗户把马连荣的尸体抬了出去，二老白用板车把尸体拉走了。

第二天二老白来了说，在大同公园挖了个坑埋了。问我还有什么要干的，我把马连荣的屋开开给他看，让他把东西都拿走，他包了一大包，还说有一双象牙筷子，问我要不要，我说我什么都不要，你都拿走吧。他临走还给了我五块钱，说给孩子们买点吃的吧。

这以后李春和靳凤桐两个男佣人，搬到马连荣的小屋里去了。我们大屋就宽敞多了，大屋里有大嫂和孩子，还有带我儿子的陈妈，加上老妹妹，还有一个人，一共十几口人。开始有点钱，每星期三买点肉，后来没钱了，一天买半块豆腐大家吃，儿子就给买两毛钱肉馅拌饭吃。

后来张兆琪（绍纪的侄子）来了，苏联人把他抓去当兵，他开了小差，没地方去就跟我们一起住。兆琪就每天出去找活，全家只有三个男人。

不久长春电影制片厂恢复了，招画广告的，兆琪画儿画得好，一面试就被录用了，每个月挣21块钱，家里吃菜就够了，他回来高兴地说可以挣钱管家了。在我们附近还有老太太的娘家，老太太的弟弟（舅舅）的大太太带着两个儿子住着。二儿子是个高中生也不上学，经常到我家里来玩儿，叫徐维俊。我们对面是大同公园，我和老妹妹带着两个孩子，加上徐维俊、张兆琪一起去玩儿，我们都不到二十岁，玩得挺开心的，那个时候把烦恼全都忘了。有时候一边玩儿，还在地里挖点小野蒜，回家当菜吃。

兆琪后来在制片厂认识个女同事，二十岁左右，我看挺好就劝他结婚。他说不行，结了婚就得搬出去了，帮不上二婶你了。我说不能耽误你，劝他结婚。

一天，儿子太平突然发起了高烧，后转为肺炎，需住院治疗。可生活都很拮据的我们，实在是拿不出住院费了。我看着怀抱中的孩子，脸烧得通红，往日的调皮已消失得无影无踪，心里又急又痛，没有一点儿办法，只能让孩子硬挺着。我在最困难的时候也找过婆婆，说："娘你能不能给我点钱，不然真的过不下去，你不看我也得看两个孩子吧，他们可是张家的骨肉啊。"她把脸一沉，说："眼珠子都没有了，我还要眼眶子干什么。"

一天国民党的"逆产清算委员会"来了两个人把我叫了去，要我交代家里的财产情况，可我对此一无所知。

"你是他们家少奶奶，银行里有多少存款你也许不知道，可有多少房子多少地你能不知道吗？"负责审问的留着小胡子的人根本不相信我会不知道。

"我确实不知道，没有人告诉过我，我也从来不打听这些事。"我说。

小胡子露出一丝狞笑："你不说清楚，对不起，暂时还不能放你回去。"

随后我被关进地下室一间阴暗的小屋里，里面除了一张木板床和一条破毛毯之外，什么也没有。

丈夫在哪里至今没有半点儿消息，婆婆又扔下我和孩子跑到沈阳去了，如今清算汉奸财产的事又落在我的头上。我越想越难过，一个人倒在床上哭起来，哭呀，哭呀，也不知哭了多长时间就睡着了。三天后他们把我放了出来。

1946年，长春被围之前婆婆见事不妙，便丢掉我和孩子，同我小妹两个人跑到沈阳去了。剩我一个人带着两个孩子和一个佣人过着更为艰苦的日子。没有钱，我只好在建国胡同一号门前摆起个小摊儿，变卖些家里剩下的一些不值钱的东西。伪满总理大臣的少奶奶出来摆摊儿，大家议论纷纷，有的说是报应，有的觉得新奇，出来看热闹。但我为了生存，为了养活孩子，等着丈夫回来，我忍着。日复一日，我不卑不亢、与世无争地活着。

我实在过不下去了，准备离开长春去四平找王谦。带孩子的藤妈到那时才离开我回老家去了。王谦是绍纪日本留学的同学，后来也参加了革命。为了给组织筹集经费，他冒着被杀头的危险倒卖大烟土，他扮成做小买卖的小贩，赶个小驴车来往于四平、沈阳、长春之间，当时我还帮他卖过烟土。王谦家里是四平一带很有钱的大地主，家里住的地方很多。我在四平王谦家住了一段时间后，又去了沈阳找母亲。

我们在沈阳就住在范家，就是范柏龄家。范家是张家的干亲，范柏龄的父亲是绍纪父亲的干儿子，婆婆带着露娜在我之前便去了沈阳范家。我到范家住了一段以后，范柏龄妻子也有点不自然了，当时我想年轻女人在社会上真难，不管你行为多端正只要是一个人在社会上就会受到许多人的猜疑。我下了决心不管婆婆待我多不好我还得追她去，要不然不仅我自己受委屈，弄不好还要连累别人，影响他人家庭。以后婆婆又带着露娜去了北平，我没有其他生路，随后又追到北平，和她住在北平北新桥箍筲胡同，她看在张家子孙的面上勉强留下了我们。到后来她更不把我当儿媳妇看待了，只当是个仆人，她和小妹吃白米饭，我跟仆人一块儿吃高粱米饭，当时大孩子太平才两岁，女儿迎春刚几个月。我咬着牙挺过来了。

这时我又听到一个消息，说绍纪已经死了。说得有声有色，说是有人亲眼看见的，1945年8月绍纪被苏军抓起来关在一个监狱里，后来绍纪想逃跑，刚刚一条腿跨过铁丝网，就被苏联兵开枪打死了，尸体就搭在监狱的铁丝网上，说是有人亲眼看见，总之说得活灵活现。那年我才19岁，所以有些好心人就劝我："趁着年轻，再找一个人算了。"我没有相信这个不幸的消息，总觉得绍纪没有死，既然没有死，总有一天会回来的。因此，对那些好心人的回答是："不，我等着他。"

到北平没多久，绍纪日本留学时的朋友也是一块参加过新知识研究会的陈力。通过范柏龄知道我到了北平，而且生活挺困难，陈力的父亲陈楚才是东北有名的实业家。不仅在东北，在北平也有产业。陈力来看我，每次总要给我留点钱，但是等他一走，婆婆马上就全部要走，因为我住在婆婆家里寄人篱下没办法。后来我告诉陈力别当着老太太给钱，他知道后，来的时候当着老太太的面照样给，等我送他走的时候，他另外再塞给我两块大洋，当时真亏了他的接济，可以给孩子们买点糖果之类的。

一天，我在北平大街上无意间碰到了老妹妹（毕鑫），这真是缘分，从长春分开几年没了音信无意中又碰到了。毕鑫说她现在和她大姐，还有大姐的女儿在一起，工作也不好找，一家三个女人没有收入。我听到这些，就把每次从陈力那儿得到的两块大洋分一块给她。老妹妹后来还老念叨那块大洋，当时可是救了她们一家。后来她去天津当了解放军，进了文工团，紧接着参加了抗美援朝，当志愿军跨过江，去过朝鲜。当时她也拉我去，我也真想去，但又舍不得一双儿女，为了绍纪也得把儿女拉扯大。

1948年大哥写信给我，叫我到沈阳去工作。这样我才离开了婆婆，带着两个孩子去了沈阳。在沈阳和平区卫生院当了一名护士，从此我才有了自己独立的生活。大哥当时是东北公安部的干部，不知怎么争取的，我也按公安部家属待遇住进了公安部宿舍。在沈阳时，我带着两个孩子，生活工作都很辛苦，多亏了大哥在各方面帮助照顾，把两个孩子送进了专收干部子弟的育英幼儿园，因为大儿子太平从小娇惯加上又有病，非要和妹妹同班，没办法他就留了一级。当时幼儿园也是供给制，管吃管住，到冬天孩子们也发干部服式的小棉衣，这样可给我解决了很大的一个困难，平时不用接孩子，周日休息时再接两个孩子回家，有时大哥接两个孩子回家。当时大哥还没再婚，他特别喜欢大儿子太平，有时周六晚上接两个孩子到东北公安部的交际处舞厅去玩儿，大哥抱着太平跳舞，我大女儿一个人在人群中穿来穿去的滑着玩儿，因地面打的蜡很滑，她经常摔倒，她也不哭，自己爬起来接着玩儿。绍纪从苏联回国刚到家的时候，我让两个孩子叫爸爸，女儿很快开口就叫了，但太平却不肯叫非要问他大爷，大爷让他叫爸爸，他才肯叫。我们总算又在一起了。在绍纪去苏联这几年，大哥的情况也有了很大变化，和原来的大嫂离了婚，后又同现在的大嫂结了婚并生了三个孩子，终于有了自己幸福的家。

抚顺战犯管理所

日本宣布无条件投降五年后的1950年7月，一列苏联的货车沿西伯利亚驶向远东，货车里装的是被拘留在西伯利亚的约一千名日本俘虏，他们被告知是送他们回国的，然而三天后7月18日，列车停下来了，那里是有名的产煤城——抚顺。日本俘虏被苏联引渡给了中国。被移交的日本人一共是969人，除伪满洲国有关系的人之外，几乎都是军人。其中人数最多的是曾在中国打过仗的第39、59师团的官兵。他们不是战俘，而是战犯——战争的罪犯。

抚顺煤矿在中日战争的时候，日本人霸占了煤矿，很多的中国人，被强迫做繁重的工作，条件很差，有的甚至被累死了，抚顺市民们的反日情绪很强烈，所以在移送日本战犯到“满洲国”建造的抚顺监狱时，解放军战士都很紧张。

1949年10月1日新中国成立，毛主席于12月为签署中苏友好条约，去苏联与斯大林会谈。1950年2月14日，缔结了《中苏友好同盟互助条约》，在此期间，中苏双方议定把苏军俘虏的日本战犯和伪满洲国的战犯，移交给中华人民共和国。毛泽东回国后，便下令设置战犯管理所。当时是国务院总理兼外交部长的周恩来全面负责这项工作，下面是公安部，工作人员除了公安部的人员以外，还从全国的司法部、卫生部，抽调了约200人左右。然而这些工作人员当中，有些人的亲属是被日本人杀害的，叫他们去管理战犯，按政策又不能打骂犯人，他们的内心是非常复杂的。

管理所把日本战犯分为将级、佐级、尉级和士兵几个级别，将级战犯由吴浩然和金源分管，我分管日本犯人的佐级（即校级）战犯。伪满犯人溥仪

抚顺战犯管理所旧址

等人由李福生主管。

在犯人进去之前，中央拨款把抚顺监狱进行了全面整修：左右两侧都是对称的房间，每个房间大约是30平方米左右，靠窗的左房角有个独立的厕所，一个房间可住14个人，并新建了卫生所、澡堂，监房中都安装了暖气等生活设施。管理所为了对外保密，战犯们都是以编号的形式管理的，我记得溥仪是981，并发了一个白布牌缝在上衣左胸前，上写号码和名字。

当时周恩来总理指示说，要按国际惯例，依据战犯原来的级别，参照当时人民解放军的供给制标准，按将官、校官、尉官以下三个等次，给予小灶、中灶和大灶三种待遇，并全部供应细粮，还要保证供应鸡鱼肉蛋等。除饮食之外，在服装、监舍、医疗和文化生活等方面，也要提供好的条件。

战犯们在管理所里，最低级别的一个人的伙食费用相当于当时中国人家庭四口人的消费水平，米饭、汤、菜俱全。而且设置了理发室及洗澡间，这样每个星期可以洗一次澡，一个月可以理一次发。

后来有日本战犯回忆说，在西伯利亚的时候，吃的是非常薄的一片黑面包片和刷牙杯子大小的一碗汤，饿了也没有办法，只好去吃野草，真的跟牛马一样。又要干很重的活，根本支撑不了一天，再加上那里非常的冷，结果营养失调，病死、饿死的人很多。一次，有个战犯在路上看到个圆圆的东西，以为是土豆，就捡起来放到兜里，回到房间比较热，那东西化了，剩下的全是草，才知道是马粪，当时的人们都饿疯了。而在中国管理所里吃的是白米饭，有汤还有肉，大家都很吃惊，但就是高兴不起来，担心中国是不是在要什么花招，每天在疑神疑鬼中生活着。

管理所还会给抽烟的战犯发香烟。建国刚一年，中国人仍然过着非常艰苦的生活，当时管理所的干部和工作人员吃的几乎全部是高粱米、窝窝头等粗粮，一周改善一次生活才能吃上一顿细粮，为什么让这些日、伪战犯吃那么好？为什么对战犯们还要特别照顾？大家都有点想不通。管理人员们开始产生不满的情绪，炊事班有的人开始菜也不洗，米也不淘，在战犯面前也表示出了相当的情绪。所长孙明斋传达了周总理和东北公安部领导的指示，他说："周总理说了，过二十年后再回过头来看我们做的工作，就会更清楚地看到其中的意义和价值。我相信总理比我们站得高，看得远。所以今天我们要克制住自己的感情，甚至是牺牲一些自己的感情。"

日本战犯刚进所时，当看到墙上贴的监管规则里，写有"战犯"这两个字的时候，就闹开来了，怎么自己从俘虏变成战犯了，像东条英机等决策人物才会是战犯，他们这些人，只是执行命令，所以他们没有责任。

他们对战犯在各国被审判的情况，一点都不知道。在第二次世界大战结束后，同盟国将战争犯罪分为三大类予以审判：

发动战争的政府要人和高级军官被定为反和平罪。

有过残酷行为的定为普通战争犯罪。

有组织的残酷行为的定为反人道主义罪。

针对日本战犯，除了东京审判以外，还在七个国家进行过审判。约有5700人被起诉，其中被处死刑的有934人。他们从西伯利亚到中国抚顺的时候，各国的审判几乎都已经结束了。自己会变成罪犯，是他们做梦都没有想到的。关东军第59师团师团长藤田茂，他在战犯中有相当的号召力，代表战犯对战犯管理所的孙明斋所长说："你们违反了国际法，按照国际法，战争一结束，应该立刻释放战俘。"孙所长严正地回答他："这里没有战俘，你是主谋战犯之一，请牢牢记住这一点。新中国政府是遭受过你们残酷迫害的人民大众政权。”

日本战犯由于情绪很不稳定，又已在苏联关押了五年，普遍患有心血管病、高血压，所里一边请医生给他们治疗，一边对战犯开始了繁重的改造工作。但日本战犯开始就是不认罪。战犯们开始用各种形式进行对抗：他们故意多打饭菜倒进厕所，把所谓粗劣的饭食保留下来，说是要向联合国控告；向他们广播时事，他们用棉花团堵上耳朵，拒绝收听，发的报纸也不看；他们照例向皇宫“遥拜”，吃饭前为天皇祈祷。有一次搞空防演习，有的战犯欣喜若狂，幻想着美国飞机来搭救他们，他们还大唱军国主义歌曲，看管人员提出警告，他们就用日语谩骂看管人员。

我到战犯管理所没多久，因为1950年10月抗美援朝开始，抚顺离中朝边境比较近，为了安全起见中央决定把战犯们迁到离中苏边境近些的哈尔滨，10月18日就启程了。因哈尔滨当时没有一个能把战犯们全关在一起的地方，不得不把管理所一分为三，即一处道里监狱关押日本将校级战犯，另一处道外监狱关押伪满战犯，还有呼兰监狱关押的是日本尉级以下战犯。我当时负责管理日本将校级战犯。

我就住在道里，离管理所有一里地的样子，开始是租的一户回民的房子。徐明也辞去沈阳和平区卫生院的工作来到哈尔滨，不久她就在哈尔滨市医院上班了，仍做护士工作。我们的第三和第四个孩子，都生在哈尔滨，两个大的当时都上小学了。

我小时候也在哈尔滨待过几年，可那是当小少爷，过着被人伺候的日子，院儿门都不出，对这个城市几乎没什么印象。哈尔滨虽然解放了，但俄国人还很多，生活习惯也受俄国影响比较大，如俄系的秋林公司，俄式商品琳琅满目。街上有很多面包房，随时可以买到新烤的面包。当地很多人都会一点简单的俄生活用语，像

1953年，张梦实、徐明摄于哈尔滨

吃的有“列巴”（面包），穿的有“布拉吉”（连衣裙）。

当地中国人也很喜欢吃西餐，准确地说是俄式西餐。中国人的西餐可繁可简，有钱的大吃，没钱的小吃。这个我也有亲身体会，小时候我们家原是土官僚，在来哈尔滨以前根本没吃过西餐，可一到哈尔滨就慢慢开始吃起了西餐，后来越来越爱吃，家里还请了专用西餐厨师。这次到哈尔滨就和小时候不一样了，我是刚参加工作的干部，经济并不富裕，我们家像当地老百姓一样吃西餐，买不起牛奶和白面包，就偶尔去买一个黑列巴（全麦面包）配一杯红茶作为早餐吃，也算吃了西餐，大部分时间还是吃棒子面窝头。

当时哈尔滨的俄国人渐渐融入了中国社会，不光是生活习惯，文化交流，中俄民族间的通婚也非常的多，除了在哈尔滨居住的一般中俄老百姓正式结婚以外，还有中国人和白俄罗斯贵族生的孩子，也有中国妇女和苏联军人生的私生子，记得我女儿班里就有三个中俄混血的孩子，在一个普通小学几十人的班里就占了百分之七八的比例，可想而知混血孩子有多少了。刚解放这种事情在哈尔滨司空见惯，谁也不会去问孩子的父亲是谁。

哈尔滨冬天很冷，在室外用手直接摸金属的东西就会被粘上，结果皮会冻掉一块，记得冬天街上有俄国血统的高头大马拉着雪爬犁在街上跑，还有马车。孩子们脚上穿着脚蹬子上学（就是找一块跟自己的脚差不多的一块小木板，在下面钉上两根铁丝，用麻绳捆在自己脚上，在冻硬了的雪地上滑行，速度很快，类似现在的冰鞋），到校后解开，丢在教室的角落里。记得一到早晚上下学时间，满街都跑着穿脚蹬子的孩子们。夏天不是很热，很少有人穿短袖衣服，就是穿的布拉吉，也是穿长袖的。

1952年，张梦实和徐明及大儿子张平、大女儿张莉、小儿子张放在哈尔滨

当时我工作非常忙，有时都回不了家，徐明也上班，照顾孩子的时间就很有限了。两个小的刚生下来时，因为经济情况不允许，也没请保姆，白天我们上班就把孩子锁在家里。中午我离家比较近，就跑回家给孩子喂遍

奶，换换尿布，再就只能等刚上小学的小姐姐放学回来带他们了。大女儿小时候学习好，又很泼辣，玩起来像个男孩儿。老大太平因小时候得病脑子有点儿毛病，很大了还老闹着找他“小妹”，所以我大女儿又得看护小的，还得保护她哥哥。她一放学把弟弟背在背上，牵着她哥就玩去了，记得有一次跳皮筋，把弟弟掉到洗衣盆里去了。晚上家里就主要靠徐明了，不光要给六口人做饭吃，还得洗洗涮涮，缝缝补补，每天都要忙到深夜，当时还没有化纤制品，都是棉制品，穿着虽然很舒服，但远不如化纤制品结实，我们孩子又多，我的记忆中徐明每天晚上几乎都在不停地缝补着孩子们的衣服、袜子。

在哈尔滨的时候我们家也没什么亲戚朋友，经常到家里来的有两个人，一是徐维俊，孩子们叫他老徐二叔，是我舅舅的孩子。再一个就是毕鑫，是我干妈的女儿，虽然跟我们没有血缘关系，但她是我们家几十年来往最近的一位“亲戚”了，孩子们叫她毕老姑。他俩一来我们租住的小屋里就充满了欢声笑语。徐维俊是个很活泼的人，一来就和两个孩子疯闹，毕鑫喜欢嗑毛嗑（葵花籽），当时家中也买不起更贵的东西，一来嗑一地，屋子又小，走在上面吱吱作响。还有一次他们来，徐明做猪肉馅饼给他们吃，为了吃这一顿馅饼，两个人很卖力气，一边吃一边拿着扇子不停地往外扇味儿（因房东是回民）。离开哈尔滨以后我们家就和徐维俊失去了联系，毕鑫还一直和我们有来往。

直到1953年10月战犯管理所又迁回了抚顺，我们家也随着一起回到了抚顺。两个大孩子去了抚顺城北关街小学上学。徐明当时在抚顺城医院，经常跑地段，工作很忙，跑地段就是现在巡回医疗，医务人员背着药箱上山下乡，上门服务。战犯管理所是抚顺比较特殊的单位，两个大孩子开始懂事了，随着小朋友们的交流他们也知道了战犯管理所押的是日本战犯，但根本不知道自己爷爷也关在其中。记得刚刚实行军衔制时，有一次我穿着军装带着家人出去玩，因当时抚顺地方小，很难看到军官，一路上碰好几个敬礼的，觉得挺别扭的，以后就再也不穿军装上街了。在抚顺的工作期间，工作性质决定了要保密，我从不在家人面前讲管理所内部的事。工作一直很忙，对家人的关心比较少，特别是给孩子们的时间不多，和两个大孩子的交谈就更少了，可能因为与他们俩有五年不在一起的经历，学习的事基本上

1956年，徐明（后右二）在抚顺医院

不过问。1956年我一个人先到北京报到上班，准备安排好再接徐明和四个孩子来。办理两个大的转学报名时，问我两个孩子上几年级，我都不清楚，还得写信回抚顺问徐明。

把战犯们转押回抚顺战犯管理所后，就开始了对他们进行系统的理论教育。我们没有搞强迫命令，也没有进行硬性灌输。而是先通过调查研究，把战犯中有学习愿望的八十余人组织起来，分成六个学习小组，由他们自己选出学习组长，学习方法是由各小组传阅学习材料，主要内容有："朝鲜战争形势""满洲事变——八一五光复""日本军国主义侵略罪行纪实"《社会发展史》等有关的历史资料。在领会基本精神的基础上，联系实际开展讨论。材料由金源翻成日文，每天上午上课，下午学习讨论。经过较长时间的学习，使他们了解到日本军国主义的形成过程和对外侵略的真相，因世界列强的矛盾而爆发的两次世界大战给人民造成的巨大灾难等等。后来经我提议，学习材料主要是日文版的列宁《帝国主义论》，因《帝国主义论》在日本国内是禁书，而且这部著作没有什么党派色彩，写的是社会发展史，讲什么是帝国主义及它的侵略本质。

我还组织战犯们排小话剧，因为绝大多数战犯都是贫苦出身，演他们在日本被剥削的生活以唤起他们的阶级感情。我组织几个日本人写，然后帮他们修改，因为有些生活气息，对于要求他们交代罪行所引起的重压起到了一定的缓解作用；又从另一个侧面教育了他们，使他们认识到侵略中国的战争不仅伤害了中国人民同时也伤害了包括他们家人在内的日本人民。

当时没有女犯人，我就挑了个长得挺秀气的战犯让他男扮女装，演得还很不错。后来一有女角色就请他，我印象很深，他叫中村久。说实在的我自己也是比较喜欢戏剧的，最主要的是对教育战犯起到了很好的效果。

1954年3月初，以侦讯专家谭政文为团长的最高人民检察院东北工作团到达抚顺战犯管理所，开始了起诉日、伪战犯之前的准备工作。

苏联移交给我国政府的战犯，其犯罪地点遍及各沦陷区，调查工作是相当艰巨的，一部分检察官、书记员、翻译员、办事员来到管理所，一边搜集证据，一边开始对战犯进行侦审。管理所周围的所有能用的地方，都成了审讯室、办公室和宿舍。房源不足，在管理所院内的空地上，临时搭起了许多帐篷。我们管理所的同志们全力配合他们的工作。

面对近千人的东北工作团认真仔细的工作，溥仪服输了，日伪战犯都服输了。工作团采取个别侦察与认罪检举相结合、严肃审问与广泛调查相结合、系统侦讯与耐心管教相结合的方法，贯彻调查研究、实事求是的精神，坚持重

1955年，抚顺战犯管理所全体管理人员合影，前排左二为张梦实

证据、不轻信口供和严禁逼供的原则，把搜集证据为内容的侦讯工作开展得有条不紊，圆满完成了对日、伪战犯的侦讯任务。

1955年末，周恩来在中南海听取东北工作团和战犯管理所负责人汇报工作时就说：对日本战犯中仅犯有一般罪行的不起诉，只有极少数罪大恶极的才判有期徒刑，不判处一个死刑，也不判处一个无期徒刑。对在押的国民党战犯和伪满战犯采取“一个不杀，分批释放，来去自由与不审不判”的处理方针。

周恩来总理最后说：“我们把末代皇帝改造好了，这是世界的奇迹。”

1956年，最高人民法院特别军事法庭对大河原孝一等897名日本战犯免予起诉，遣送回国；对45名罪行十分严重的日本战犯，分别判处12至20年有期徒刑，但最终全部提前释放，1964年最后一批日本战犯也回国了。

战犯管理所从收押战犯到审判教育结束共六年时间，工作受到党中央的肯定，基本上达到了中央原来预期的结果。从我们送回去日本的战犯（包括刑满释放的）的表现，也可以说明这个问题。比如判过刑的日军中将藤田茂，回国后便积极地投入到中日友好的活动中，并不止一次地带队来中国进行友好访问。他们还组织了一个中国归还者联谊会，简称“中归联”，成员遍布日本各地，还出版了一个刊物。“中归联”同战犯管理所、中日友好协会等单位一直都保持着友好关系，在80年代他们还邀请我和徐明两人访问日本。“中归联”的活动中心是中日友好，主题思想就是“反对战争，拥护和平”。

那么战犯管理所的成绩是怎么来的呢？我想一个是中央政策的正确，如尊重历史事实进行教育，发扬人道主义精神等等。另一个是抗美援朝的胜利，也使这些犯人们对我们这个年轻国家改变了看法，由抗拒到认罪伏法。

张梦实晚年仍收到“中归联”邮来的材料

除日本战犯外，对伪满

溥仪在抚顺战犯管理所

这批人的改造也是好的，尤其是对溥仪的改造。改造皇帝，史无前例，也是我们党领导的新中国创造的一个奇迹。可见环境的改变，影响的不同，对一个人变化起到很大的作用，甚至于决定的作用。皇帝是“龙”，龙可以变蛇；好人可以变坏，坏人可以变好。

当时因为刚解放，讲阶级斗争，与剥削家庭划清界限。管理所又是军事编制，纪律很严格，我一直没有去看父亲，记得是所长叫我去见了一下我父亲，说会对我父亲的改造有好处。由于我负责日本战犯的管理工作，与父亲很少见面，父亲有时问管理员：“绍纪还在吗？”

父亲从苏联回来时已经七十多岁了，身体不好，脚也不好，很少出屋，加上他患有高血压、心脏病，便常年住在抚顺战犯管理所七所一号病室，日常起居由护理员负责照料，吃病号饭，还给他吃一些容易消化吸收的点心、水果之类的东西。

1950年在抚顺战犯管理所里的张景惠

被苏军逮捕，带到苏联而被送回来的伪满大臣们都没有判刑，后来家属愿意的话，可以接出去了。当时所里的领导也问过我，如果愿意的话，可以把父亲接回家去。我和徐明商量，最后决定还是不接为好。因为当时我们两个人都上班，孩子还小，白天没有人照顾他，另外我们住在管理所墙外的一个宿舍，只有一间半的房子，四个小孩，他会休息不好。而且在管理所吃“小灶”，与当时家里的生活是没办法比的，我们是配给，不可能给他另做“小灶”。

在管理所的医院里，受周总理的指示，有当时最好的护理和治疗。一直身体不好的父亲，在党的关怀下，88岁才去世。后来和徐明说起这件事，我们都说当时如果接回家的话，可能活不了那么大岁数。

我是1956年离开战犯管理所的，由所长出面，让我和徐明见了父亲一面。当时他已经有点糊涂了。

为什么苏联要把溥仪等伪满政府这批人带到苏联去呢？现在看目的就是通过这批人来了解日本人是怎样统治东北（伪满）的，又是如何搞细菌武器准备对付苏联的。前一个目的达到了，在日本东京军事法庭上溥仪证词就是根据溥仪和这批伪满大臣们的集体回忆而写成的。至于日本搞细菌武器对付苏联的情况伪满政府这批人是不知道，因为那是关东军直接搞的，没有经过他们。

伪满政府这批人在苏联期间，蒋介石曾多次向苏方提出要把这批人移交给他们，苏联没同意，直到1950年才把这批人移交给我们政府。据后来揭秘的材料来看，1948年苏方曾想把这批人移交给蒋介石的时候，苏联外交部长（或是副部长）给斯大林写了一封信，信的意思是说当时中国领土有百分之八十都在中国共产党军队的手里，所以他们认为暂时不要把他们交给蒋介石，待中国的民主政府成立后，再移交给他们为宜。斯大林同意了。

对这批人来说，从时间上看是拖了几年，但从结局看是“塞翁失马，焉知非福”。

刚把他们送回来的时候，他们担心受审、判刑、杀头。特别是溥仪怕得差点精神错乱，可结果呢？就是中国共产党和人民政府给了他们一个意想不到的结局：“不审不判”“一个不杀”“分批释放”，还创造了一个“奇迹”——把皇帝改造成一个自食其力的公民。

回过头来看，假如当时苏方将他们移交给蒋介石又会如何？我想应该是四个字：凶多吉少。

泉毅一

在日本战犯中，有一个校官级的，叫泉毅一，是我在管理所管教过的两名战犯之一，给我留下很深的印象。

泉毅一在侵华战争中曾两次来到过中国，最初来中国的时候，只是一个见习官，在山西当过野战队的小队长。后来转到河北的部队，当了警卫中队长，不久在大队本部的情报部工作。第二次应招来到中国后，在军司令部的参谋部任职。泉毅一的一个特点是，作为野战部队的小队长，在前线指挥过作战，不过直到武装被解除为止，没有殴打或亲手杀害过中国人，也没有掠夺或强奸过中国人。所以他在来到抚顺战犯管理所之初，拒绝承认罪恶和接受改造。在开始一段时间，他抱着消极的态度去应付，在讨论日军残忍的犯罪行为时，常常一言不发，认为这事和他没关系。

那个时候，正是朝鲜战争期间，从仁川登陆的美军，直逼鸭绿江边，中国人民志愿军也参战了。日本战犯每天都看《人民日报》了解战况，大概他们中的绝大部分都认为美国必胜，因为拥有大量先进武器的美军打败了他们。他们甚至希望美军获胜，认为那样也许会改变自身处境。但是事态发展和他们的愿望原来越远，最后原本就很脆弱的期待破灭了，美军在38度线附近停战了。这件事成为战犯思想改造中的一个转折点。20年前的1931年，关东军用了三个月就占领了东北，而把这样的日军都打败了的美军，为什么在38度线附近停战呢。这样的结果，他们不得不去思考，也开始感到一种压力，不得不考虑自己今后的处境。泉毅一就是对这个结果很快接受和思考的人。

那个时候社会上正进行全国性的“三反”“五反”运动。每天《人民日报》都在报道运动的情况，而且每次在文章的末尾，都会写上“坦白从宽，抗拒从严”这几个字，战犯们听说我们的政府就是按照这个原则来处理案件的。

战犯中的几个人把自己过去犯下的罪行，写成自白书交了上去。管理人员对他们的这种行为进行了高度评价。而且他们本人也和之前有了很大的变化，像换了个人似的，变得开朗起来，日常生活也有了生机。泉毅一开始试着改变自己的想法，交待自己的罪行，可是回想他曾在中国所做的一切，仍然认为自己所做的，是迫于战争，没法和犯罪两个字联系上。于是他开始认真回忆过去自己走过的路，终于想起了一件事。是在他记忆的深处，早已经忘记了或者不愿意记起的一件事，要交待。他要求见指导员。我就是他的指导员，很快我就见了他。

他的态度是很认真的。他说：实际上直到最近他一直都认为：来到中国以后，没有做过一件坏事。但是最近这种想法改变了，对于日本的这次侵略战争，他是它的忠实战士，作为自己来说是应该承担自己对战争的责任的，这是不能逃脱的。

我说：到这个管理所来了以后，你们是怎么想的，你们最烦恼的事儿是什么，我们都是非常了解的。现在可以说你对战争在认真地反省，这对你自身来说，是非常好的事情。作为一名中国人，我是高兴的。

他开始交待记起的那件事：

他从山西转到河北后不久，一天被中队长叫去。他们的驻地外是一片广阔的农田，农田里被挖了一个个的大坑，在坑的旁边，坐着六个中国农民——原来这些坑就是这些农民挖的。中队长让新兵们列好队，然后说这六个人是敌人的间谍，要以他们为靶子，做刺杀训练。说完，对站在旁边的泉毅一说：“见习官，为了测试你的胆量，你做斩首训练。”

面对手无寸铁、没有反抗能力的农民，泉毅一觉得没有办法按照上司的指令去做。被命令做刺杀训练的那些新兵们，也吓得面色苍白，哆哆嗦嗦，不敢上前。可是，下士官在一边吼骂着，他们开始做刺杀练习了。那个时候，泉毅一站在坑边，看到被刺得满身鲜血的农民倒在坑里，他不敢面对那悲惨的景象，对站在旁边一个看起来最强硬的下士官说：“好了，快点结束他们的生

日军刺刀下的中国百姓

命，别让他们再遭罪了。”残忍的训练结束了，泉毅一被中队长骂了一顿，说大学出身的知识分子军官，完全就是胆小鬼。连斩首都胆怯的人，在野战中怎么能会发挥作用！

我是强忍着愤怒听他的交待。

他在交待的最后说：他当时是从人道主义出发那样做的，他没有下手斩杀他们，看到农民倒在坑里的痛苦样子，为了让他们尽快地告别痛苦才命令下属们结束他们的生命。

听到这里，我再也忍耐不住了，但还是尽量压抑着情绪，用冷静的语调对他说：你说自己是个人道主义者，既然说到人道主义，那么我也谈谈自己的看法。我的看法和你不一样，那些没有的一点罪过的无辜农民，因为日军一个中队长的命令，就被杀害了，对于这种非人道的残虐的行为，以身相阻，这是我们说的人道主义。然而你在那残虐的现场却非常坦然，在那些被杀害的农民眼里，能够映衬出你这个日本军官的人道主义吗？！在那个现场，如果他的家人在，还有呼吸，还有可能生存，他们会不顾一切地去救助他们的。可是你呢，冷酷地下了结束他们生命的命令。有那样的人道主义者吗？！是沾满鲜血的刽子手！是最遭憎恨的“日本鬼子”！

说着说着，我的目光也变得严厉起来了。

“我想这是立场的问题，我们所说的人道主义，是站在被杀害者、受害者的立场；而你所说的人道主义，是站在杀人者、侵略者的立场。你口口声声说人道主义，只是想利用中国的宽大政策。真正的反省，是没有任何辩解理由，只是真诚地坦白自己的罪过，最后怎么来处理由受害者来决定的。中国的宽大政策，也是反映受害者的意愿的！”

我的话大概让他很吃惊，也引起了他的思考。从被杀害的农民眼里怎么看待他所谓的“人道主义”，大概他没有想过，在那一瞬间，我看到他眼睛里的犹疑。因为已经谈了很久，我对他说：“今天就谈到这儿，再找你吧。”在他站起来转身要走的时候，我又对他说：认真地对战争进行反省，这对你来说，是件好事，从现在开始希望你能更加好好地学习，在这方面花费心思是没用的。受害的中国人民，无论是谁，都会站出来客观地证实日军所犯下的罪行。但重要的是你自身来认识这个问题，把当时你的思想和行动的本质，好好地作下检查。你所说的人道主义，那是最重点的地方。检讨的结果，先放在自己的心里，对外不说也没关系。我们这方面暂时应该也不会再问的。

这次谈话，成为一个转机。从那之后，泉毅一开始认真地进行思想改造，迈开了真正认罪的第一步。当然，进展还不是很快，因为道理上可以解释的东西，思想上接受起来，还有一段时间和距离。他的学习、认罪过程，至少持续了一两年以上。其间，我有时会很和气地从旁教导、激励他，有时候也会很严厉地批评他。

比如，关于“人道主义”的问题，为了更好从受害者的角度启发他。我和他谈过广岛原子弹的事件。我对他说：在日本战败前，美国在广岛投下的原子弹，造成20万人死亡，就是经过几年后的今天，因为原爆症，还有数万名患者受到生命的威胁。美国因为要及早结束战争，所以投下原子弹，听说美国人把这种做法称作“人道主义”。然而在原爆中死去的那些日本平民，还有那些活着的受害者，能认可美国人这种“人道主义”的说法吗？

还比如，泉毅一曾经说，他不允许部下去掠夺，征粮都是给钱的。我对他说：当时在山西，农村只剩下些老年人，连年轻女性们也都跑到山里避难去了。你们在无人的村庄里到处进行破坏，把村民的生活用粮都拿走了，给留在村里没走的老人扔下几个钱，这能说是一种公正交易吗？日军带来的只是残杀用的武器弹药，和货币的价值一点关系都没有。农民拿着你们的钱能买到什么？你是学经济学的，在那基础上进行的交易，站在受害者的立场上，不是凭暴力掠夺，是什么？

这些谈话我感觉对他的触动都是很大的。

后来，泉毅一回国后做了日本朝日新闻社的记者，一直致力于反对战争和中日友好的事业。

国际关系学院

1956年（我34岁），组织上调我到北京干部学校工作。当时的国家干部思想觉悟都还是很高的，工作第一，个人家庭的事摆在第二，一切都听从组织的安排，我接到调令后，就马上离开抚顺战犯管理所，为了工作，把家放在了抚顺，一个人先来北京报到。

1956年我调来时，干部学校已经有了英、法、日语种，还有一些别的课程，我被分配到干校教务处工作，负责联系日文班、法文班的工作，我的直接领导是教务处副处长阴任斋，解放前他曾是山西军阀阎锡山的少将外事处长，实际上是一名地下工作者。

当年我入了党，总算如愿以偿，我从40年代就已下决心背叛自己的反动家庭，走向革命，渴望加入中国共产党，尤其从日本回国正式参加工作以后，更是多次申请，接受长时间的考察。战犯管理所的基层党组织通过了，上报了几次也没有批下来，可能是因为我的出身太“吓人”，几经申请都未能如愿。到北京后，1956年6月我终于加入了中国共产党，这是我人生中最大的喜事。

1956年学校给我分配了家属房，我就把妻子徐明和四个孩子接到了北京，徐明被分配到学校卫生所工作，我们全家又团聚了。在筒子楼里分到了两间房，一间朝南，一间朝北，所以要想从自己家的一间房到另一间房去时，要经过公共走廊，楼里一层有个男女厕所和一间水房，洗菜、淘米、刷尿盆都在这里。每层空出两间住房，供大家摆小蜂窝煤炉子，肉、菜在自己房间里切，再拿到公共厨房里烹调，主食大部分去食堂买。有开水房、公共浴池，虽然很艰苦，但大人和孩子们都很快乐。

到北京生活工作都相对安定下来了，当时我们来往的亲戚很少，徐明回北京也试着找了几次她自己的家人，但都没有结果。我家因为1945年日本投降，我和父亲去苏联后都散了，我母亲和妹妹听说也从北京去了云南。

当时我们有来往的唯一的亲人就是大哥。大哥有一段时间在公安部工作，大哥在1950年左右又结了婚，我大嫂是丁宜同志的外甥女。我们逢年过节经常会去大哥家，大哥、大嫂休息时也会来看我们。

当时还有一个有来往的干亲戚就是毕鑫了，她是我干妈的女儿，年龄和徐明相仿，小时候就常到我们家来玩，后来一直有来往，尤其是我去苏联的五年间，她一直陪着徐明，帮她带孩子。解放初期她参加了解放军，当了部队文工团员，演话剧。她们家好像有这方面天赋，她哥哥就是电影《林海雪原》中演座山雕的。毕鑫后来复员了，分到北京琉璃河水泥厂当干部，她一直独身，父母也不在了，所以她一休息就跑到我们家来，孩子们也和她特别亲。后来她把她大姐接来一起住，她大姐丈夫死后留有一个女儿，女儿的丈夫是国民党军官（不知道死活），他们也有一个女儿，她大姐一家三个女人，没有一

张梦实的大哥张绍维一家后来去胡家窝棚老家寻根

点儿收入，所以毕鑫一下就多养了三口人。等她的外孙女长大了，毕鑫做主，把她的外孙女许给了水泥厂子弟学校的教导主任，这个男人比她外孙女大不少，家里人都反对，可拗不过她这个太上皇，结了婚大家才慢慢觉得这个孙女婿真不错，把这个由四个女人组成的女儿国撑起来了。她的外孙女又生了个女儿，外孙女的女儿又生了个女儿。她们家是女系单传，她的辈分也越来越大了，大家都叫她太太、祖祖。孙女婿和她岁数差不多，没法儿叫，就互叫名字。虽然她一辈子都没结婚，可最终却拥有一个五辈同堂的大家庭，可能这便是她与人为善的福报吧。除亲戚外，来往比较多的就是住在一个大院里的一些在日本留学的同学和在东北工作过的一些老同事。

在60年代初期，溥仪被特赦以后由组织介绍再婚了，这就是溥仪在自传里提到的最后一位夫人，是中医研究院西苑医院的一位护士。我记不清具体时间了，当时我是在外面路上碰到过他和夫人，还说了几句话。他穿着一般，根本没引起大家注意，看着当时他的神情，能感觉到他很幸福，是那种普通人的幸福。不久听说他病死了，我想这位皇帝没能善始但可以说是善终了。

国际关系学院，原来只是一个外语干部学校，最后才发展成了学院。在北京高校里规模大概算是最小的一个，但麻雀虽小五脏俱全，什么运动都经历过。1957年，开始了反右斗争，在教员和学生当中也有被揪出来的，有的被扣上“右派”帽子。这是我参加革命以来遇到的第一个全国性的大运动。运动过去以后几年，有的摘了“右派”的帽子，虽然平反了，人们背地仍叫他“摘帽右派”，还是被另眼看待，可见影响之深。还有一些人被揪出来批斗了，最后虽然没有被定为“右派”，但会说他有“右倾”思想，是犯了思想错误的，被记进档案。像“右派”就更惨了，被列入了“地、富、反、坏、右”的行列，是阶级敌人，或被抓，或被下放劳动，或被降格使用。“右派”子女在升学、工作上也会受到不公平的待遇。

这个运动，触动最广、最深的是学校，因为这里知识分子成堆。知识分子一般比较敢说，也喜欢说，尤其一部分人是单纯地从学术角度讨论问题。党让他们说，大部分人是抱着为国家、为党更好的目的而提意见和建议。这些知识分子很多是出身不好的，所以善意的批评就被说成是阶级报复、恶毒攻击。知识分子成堆的地方，就成了抓“右派”的重点地区，也就是所谓的“重灾区”。

接着就是“大跃进”、小高炉、放卫星、“反右倾”，后来出现了粮食减产，吃不饱饭的困难时期。

那个时候物质奇缺，什么东西都要凭票供应。肉、蛋、海产品、油、糖等食品不用说，穿的要布票、棉花票。日常用品就更多了，小到一盒火柴都要划本供应。记得最难的时候，徐明为了能让孩子们吃饱点省下自己的那份，结果她自己营养不良得了浮肿病，腿上一按一个坑半天起不来。

1959年我大女儿得了急性肾小球肾炎（就是现在医疗条件下都是很难治愈的病），住院几天就下了病危通知书。中医研究院西苑医院的小儿科严主任征求徐明的意见，问她是否要转儿童医院治疗，徐明清楚当时的西医对此病并没有什么特效药，她坚持不转院，并表示相信严主任的医术，让严主任放心治，好坏她都认可。果然大女儿的病用中西医结合的办法治好了。正是徐明几十年的从医实践经验和她处事的干练，使我们一家受益匪浅。出院后在家休养需要无盐饮食，当时我和徐明都上班，全家六口都吃食堂，当时的物资又很缺乏，我们也没条件单独给大女儿做病号饭。徐明把情况和炊事班长讲了，班长马上安排食堂每天给我大女儿做一份无盐的菜，有时还亲自下厨，换着花样，长达三个月，这也是因为徐明平时看病时对这些炊事员好，别人才肯帮这样的忙。

徐明

徐明调到学院卫生所工作。大儿子不愿意再读书，中学毕业就参加了工作，大女儿学习优秀，上的是北京较好的101中学，小的两个也上小学，我的家庭也随着国家，从困难时期慢慢走出来了。我担任了教工党支部书记兼日西系主任。当时前后调进了英文教师彭望荃，日文教师赵敏如、崔士彦等。

学院建校时本科生只招几十人，而且还不是年年招，到了1964年招了200人，1965年招了300人。学院的学术气氛也越来越浓，有了个高等学府的样子。

可是好景不长，1966年“文化大革命”就开始了，批斗会一个接一个，把英文系主任杨戬揪出来游斗，刘良计等人被关进牛棚，潘慧灵自杀，学校乱套了。我也被批判，主要问题是说我介绍了“历史反革命分子”阴任斋和“日本特务”于长江两人入党。实际上这两位同志都是非常出色的，阴任斋在山西利用给军阀阎锡山当外事处长的身份，很早就为我党做了不少工作；于长江是日本华侨，曾加入过日本共产党，为了支援中国抗日战争做了不少工作，全国解放后又毅然抛弃在日本的优越生活条件，投身到了新中国的建设中。

家里除了我是“走资派”以外，徐明出身是城市贫民，没受什么冲击，她很小就被转卖了几次，对自己娘家人的情况一无所知，只记得亲妈早死了，后妈对她不好，她是和姐姐一起从北平被拐卖到东北的。解放初期当时在东北公安部工作的丁非大哥帮她找过一次，没有找到。“文革”期间造反派也曾对她的家庭出身提出过质疑，造反派头头找她谈话，她干脆和他们说，你们可以外调，如能查到我娘家的人，不管是什么情况我都认。但现在我的家庭出身只能按我的记忆填“城市贫民”。可惜的是“文革”期间，那么彻底的大调查也没能帮她找到一位娘家的亲人，丈夫和孩子就是她的全部，为了他们做出多大的牺牲她都心甘情愿。徐明除了对家人好，对周围的人也是热心肠，对她的病人一视同仁，服务周到，不管是校长还是工人、老师、学生、家属，只要到卫生所看病，她都热情接待，她用针灸治好了很多人的病，得到了大家的好评。徐明群众关系好，使我们一家人都跟着沾光。“文化大革命”期间，国关的造反派就没有抄我们家，“文革”期间我也没有被单独批斗、没有挨打。这当然与这个学校的人员素质有关，但也有个不可否认的因素就是我的夫人人缘好。下放到河北饶阳，因为她用熟练的针灸技法免费为村里不少人治好了病（记得当时村里一个头头的儿子十几岁还尿床，徐明给他用针灸治好了），村里就让她到村卫生室工作。

大儿子太平1945年在我被带去苏联后不久生了病，徐明带着两个孩子，既无稳定收入，又无固定住所。我母亲不但对徐明不好，对太平也不管了。因病得不到有效治疗，落下了一个发烧就抽风的毛病，病了几年对他的大脑发育造成了影响。在东北公安部上幼儿园时非要和小妹一个班，睡一个屋才行，上小学也是和我女儿同班。1957年转学到北京，因两个孩子是从小城市转到北京的，所以即使是插班也要考试，太平成绩差，学校不收他，女儿上了一亩园小学五年级，他只好到西苑小学上四年级，勉强初中毕业后，书实在是念不下去了，就想工作。于是就到巨山农场当了一名农场工人，巨山农场归属中央警备团（8341部队），是为中央首长种菜、种水果的，“文化大革命”中没怎么乱。这样我大儿子就成了我们家唯一一个留在北京的人，“文化大革命”中随8341部队进驻清华大学当了一名工宣队员。他是我们家当时的革命动力，只有他没有受到多少家庭出身的牵连。

大女儿上大学参加了红卫兵组织，还做了主要头头，后来他们的组织被定为保皇派组织。加上我的问题，大女儿在大学也受到了批判，因为是住校，她偶尔回来又从不诉苦，我们也不好细问她，知道即使问出了什么，当时我们的情况也无助于她。

小儿子上中学，“文化大革命”一来，停了课，他很快参加了红卫兵，也没见他搞什么“革命”，成天忙着大串连，全国各地到处跑。当时凭着一个红袖章，坐车坐船都不要钱，到哪儿又都有红卫兵接待站，管吃管住，免费旅游。小女儿小学刚毕业，分配了中学但没上课，她每天乐得和国关院里的小孩们疯玩。

1967年12月，小儿子响应“上山下乡”的号召，和学校的同学们到山西的农村插队落户去了。一个班一个班地连锅端，据说仅是北京学生去山西的就十几万人。紧接着是大女儿，大学里没有插队一说，但要去基层锻炼接受工农兵的再教育，大女儿是北京铁道学院学电信的，被分到湖北铁路去爬电线杆。1969年我家最后一个中学生，小女儿也为了建设边疆，随学校同学去了黑龙江北大荒建设兵团。她们都是整班整班下去的。

社会上也一样，搞破“四旧”，就是破除旧的“思想、文化、风俗、习惯”，这个运动对社会的危害是最大的。它从根本上否定了中华民族的文化思想基础与和睦生存的风俗习惯，人们没有了生活准绳，没有了公共道德，把整个社会搞乱了，搞得人人自危，不能正常地生活，文化人、思想家成了重点攻击的对象。我从小喜欢看电影和戏剧，到了那时像赵丹、白杨这样的名演员都被扣上了各种罪名，他们演的片子当然也被禁播。电影、戏曲、音乐、舞蹈都被封杀，代替的只有造反有理的革命歌曲、忠字舞和后来由江青主持搞的几个样板戏。

书也变得一文不值，我记得小儿子下乡时，为给他置办一些行装，把我好多年积攒的一套精装马列全集拿到旧书店去卖，因为是精装的发行部数又少，所以买时很贵。当时旧书店很少只能进城去，书太重，雇了个三轮车拉到旧书店，旧书店说这只能按废纸卖，按公斤算了一下还不够付单程三轮车费的，再拉回来又要付返程车钱，而且留下这种外文书可能还会带来不幸。所以只好忍痛给了人家。发展到后来旧书店也没有了，新书旧书都只能扔、烧。新华书店里是一片“红”，清一色的毛主席著作和语录。

知识越来越不值钱，甚至成了罪过，教授们不用说，连大学生也因为读书太多被定为“臭老九”，被列为需要改造的对象之类。这“老九”是从“地、富、反、坏、右”这样排下来的，这类人是革命对象，有点像旧社会的下九流一样，低人一等。绝大多数干部都被定为“走资本主义道路的当权

1968年，张梦实全家在北京合影

派”。经过鉴别改造，有些干部会被结合进领导班子，但主要领导都要是军人、工人。凡是知识分子成堆的单位都会被派驻军宣队、工宣队，掌握各层领导权。

我们家我是“走资派”，我大女儿上大学自然就是“臭老九”，我大儿子是工人阶级，在清华大学当工宣队。记得他还为家里“请”回来了一张芒果照片，放在毛主席像前。当时不知什么人送了毛主席一个芒果，也不知毛主席说了点什么，芒果就成了革命果，不卖只能“请”，不能吃只能供着，闹了好一阵子。

社会上也出现了骂老师的小学“英雄”，有了交白卷的“英雄”，越没文化越革命，整个社会都被扭曲了。

当时北京的46所大专院校全部停了课，教职员工被送往“五七”干校再教育。大部分高校的校址没变，但其中有13所高校被迫迁出了北京，如石油学院（后来的中国石油大学）被迁往山东，地质学院（后来的中国地质大学）被迁往湖北等等。虽然没上课，但实体都还在。

唯有国际关系学院1970年3月被宣布为解散单位，当时全校教职员工加上三届学生有600多人，被分别处理，工人们留在北京分配，63、64届毕业生由北京军区分配到华北地区，老年教师被要求退休，户口被强制迁到了京郊的延庆县农村。剩下的干部，教师和65届毕业生被下放到河北饶阳。

1971年初我和徐明跟着学校下放，四个孩子除了大儿子还在北京巨山农场当工人外，其他三个已先我们一步下去了。“文革”中我们一家六口分散到五个地方。这也是那个时期千千万万城市家庭的处境。生活上苦一点，劳动累一点，都可以承受，但由于家庭背景，父母的政治问题而受牵连，就让孩子们很难承受了。

大女儿是“臭老九”，是被改造对象，下放到河南修焦枝铁路，挖基坑、修铁桥。1971年劳动锻炼结束后，正式分配工作。因为家庭出身不好，分大城市的机会她是没份儿了，分到了武汉铁路分局武昌电务段最南端蒲圻通讯工区，做了一名线路工，除了检修电话机还要爬通信电杆去做线路检修（“文革”前是没有女同志爬电线杆的）工作的艰苦和劳累，她都咬咬牙挺过来了，最让她苦恼的是家里的社会关系总是被人说交代不清，成了单位里“说不清的人”。我大女儿说我家情况既简单又复杂：简单是母亲家没有找到一位亲属，父亲家有联系的也只有大伯丁非家；复杂的是我爷爷是大汉奸。可是我1945年3月出生，5个月后他就被抓走了，再也没有见过他，我能受到多少影响呢？可不管她怎么说，总是过不了关。她从小肾脏不太好，1972年因为腰痛病住院四个月，刚出院才一个星期，团支部书记就通知她去参加插秧劳动，我大女儿提出身体不好不去，他说像你这种出身的人没资格讲条件不去劳动，后来是工班的老工人和其他一些人站出来反对，她才被保了下来。像这种待遇持续了好几年。

小儿子在1967年16岁就被下放到山西省绛县农村，接受贫下中农的再教育。小儿子在国关大院里一直是孩子王，“文化大革命”开始也没受什么压制，可一插队，就不那么自在了，他是下乡知识青年中“可以教育好的子女”，出村要向大队的治保主任请假，有时还要和“地、富、反、坏、右”分子们一块儿被训话，不能乱说乱动，要老老实实接受贫下中农的教育。分给他的农活又累工分又少，他农活根本不会干，开始一直是大家的笑料。有了招工、参军的名额，他也因家庭出身而不在候补人选中。他看着同学们纷纷走出去了，没别的出路，就下了狠心拼命干活，要干出个样儿来。农民们的标准很简单，“谁能干农活谁就是好样儿的”，后来经过他的努力，周围还真认可了他。有一年过年他回河北农村来看我们，突然他插队的县知识青年办公室来了电报让他“速归”，吓了我们一跳，后来他回去来信才明白，他插队的那个大队年底改选，把他选为团支部书记，可过后一查他还没入团，所以才急着让他回去补入团手续。1973年他在山西体检时说他有先天性心脏病，需做手术征求家里的意见，我儿子小时候心脏确实有点先天畸形，家里都很担心，徐明带我小儿子回北京阜外医院检查照片子，跟以前的一比较并没有什么特殊变化，徐明就坚持不做了。她还是很有主意的，说“文化大革命”权威们都靠边站了，管理也不严，做手术有可能下不了手术台，没有让我儿子做手术，现在几十年过去了，也没什么异常反应。

小女儿1969年，15岁，被下放到黑龙江的生产建设兵团。是军队编制的农场，也干农活，只不过拿工资。她在兵团同样面临家庭出身问题，学习会上一直让她和家庭划清界限，她怎么也想不通，“让我背叛家庭，背叛我父亲，可我父亲就是背叛家庭，出来参加革命的，再让我背叛，不又叛回到我爷爷那边儿去了吗？”当时中苏关系紧张，在中苏边界的珍宝岛需要兵团战士去站岗值勤，但这些家庭出身不好的是不会让去的。现在的年轻人会觉得去站岗又冷又危险，不去更好。但当时可是一种政治荣誉，不让去是不被信任，是一种耻辱。直到三十几年后她们兵团战友回去聚会，她才和另一个当年的“黑五类”特意登到珍宝岛上去站了站，圆了她们多年来的梦。

我们这批人在刚下去的时候，先在河北饶阳集中学习了一段时间，学完了就被分别插到各个村里劳动去了。到了农村精神上就轻松多了，农村除了几个运动积极分子外大部分人都很善待我们这批“臭老九”，只要是和他们一起起早贪黑去干活，他们对我们还是挺客气的。村里树上挂一截铁轨，每天早晨生产队长捡块石头在铁轨上敲上两下，这就是上工的钟声，等太阳一落山，队长吆喝一声，就表示下工了。我们去的衡水地区是比较贫穷的地区，单产量很低细粮又少，因为没水所以蔬菜也少得可怜。我们老两口还能坚持，心疼在外地的孩子们，徐明定期就会回北京背些东西回来，最多的是挂面、香肠、牛奶糖之类的。我们不舍得吃，每个月分几个包，我骑车跑十几里到公社邮局去给孩子们邮，好在我们的工资没停发，再有我的体力还行，也练出来了。徐明的针灸技法很好，慢慢地老乡都来找她，村里的赤脚医生也来请教她。她尽管没有读过多少书，只上过短期的助产学校，但她很聪明、又肯学，实践经验很丰富，1954年在抚顺城工作时就是跑地段，一个人负责一片的医疗工作，独当一面，既当护士又是全科医生，多次被评为先进工作者。

1973年，在下放地河北饶阳，张梦实、徐明和三个孩子合影

1958年号召西医学中医，她被推荐上了中医学习班，在北京的协和医院由著名中医传授针灸和按摩技法，经过半年的学习和实习，她的针灸技法得到了老师的好评，当时协和医院理疗科想留她做针灸医生，但她考虑到离家太远无法照顾家人便谢绝了，徐明为了这个小家真是牺牲太多了。

她真治好了一些人，所以找她的人越来越多。当地的方言挺有意思，有时有人来找徐明，老乡们都不进家也不敲门，总是在外面叫：“徐医生。”有时不在我就回答：“她不在。”可外头还接着叫。我怕没听懂又说：“她出去了。”还不行，不停地叫。我怎么回答也不行，闹个不欢而散。后来人家教了我方言，一有人喊，我就回答“没她”，还真灵，人家马上就走了。

当时交通很不方便，主要交通工具是火车。我们下乡的饶阳县，在河北衡水地区，离石家庄不太远，但因交通不便，从北京去也要花两天时间，从别的地方还要花更多的时间。首先要从石家庄换乘去衡水的火车，在一个叫前磨头的站下，然后在这里要换乘小火车，小火车一天只有早晨七点的一班，所以怎么说也要在前磨头住一晚上。现在的前磨头是很大的镇子，旅馆、宾馆都应该有了，可当时只有一个国营小旅馆，卫生条件很差，被子不光潮还很脏，油光程亮的，盖在身上像块铁板不能取暖反而会更冷。木板床的褥子底下铺的是玉米秆，这些都还好，就是那些吸血的跳蚤、虱子扰得人不能入睡。当地人不在乎这些，脱得赤条条地钻进被窝睡得挺香，我们这些城里人就会拿一把椅子，放在房中间坐一晚上。后来又有当地人教我们在椅子旁边放一脸盆水，因为跳蚤跳来跳去就会跳到盆里头，这样人被袭击的几率就会降低许多。

小火车也很有意思，不是指车厢拉得少而是整个尺寸都小一号，从火车头到车厢很像现在游乐场里跑的儿童小火车一样，要弓着身子上车，上车要赶紧坐下要不然会撞头，坐下后膝盖会顶到对面人的膝盖。车厢里还会有鸡笼子，菜篮子，偶尔还会有猪羊之类的。小火车自然速度不会太快，几十公里要走一上午。我们下放的地方是在饶阳县城的前一站，叫东里满，这是我们公社的所在地。我们所在地离东里满还有二十多里地。当时公共汽车不通唯一的交通工具叫“二等”，就是自行车的后座。几毛钱送你到家，有豪华一点儿的会在后座上铺上一块板，在板上铺上一块破布，就这样到家屁股也会疼好几天。

我们这批人住的房子，都是在我们下去以前大队里专门募集的。有仓房、柴房、闲置的房子，都分散在各家各户，我们刚下去的时候房子已经安排好了。门板上写着名字，有问题的就会把各种头衔镶上，像我是“走资派张梦实”，这是“文化大革命”中干部被扣上的最普遍的帽子，大概占全体干部的百分之九十九以上，全称是“走资本主义道路的当权派”，其他人的门板上有的是“反动学术权威”，有的是“日本特务”，有的是“苏修特务”，总之没有头衔的很少。徐明出身好，在我的名字边上有“城市贫民徐明”的字样。实在没有什么可提的人，就说是读的书太多而被写上“臭老九”。我们学院有一对教员夫妇，还是我从新疆招来的，丈夫是日本华侨，妻子是日本籍，为了参加祖国建设，抛弃了日本富裕的生活，回到国内。他们的门板上被写上了“日本婆娘”，惹得那个村里人都挤在她的家门口看。

我们住的是老乡家的一间仓房，有一面墙和隔壁的房子连着，隔壁房子拆了，我们这面墙还在，但大梁和屋顶之间的三角地带就只剩下了一张纸，所以冬天很冷。又没有煤取暖，我们睡的土坑底下是跟灶台连着的。我们也学当地老乡，晚上烧了饭，赶紧吃，吃完了趁着从灶台传过来的一点儿余热，赶紧钻被窝。村里有电，但是要自己花钱拉电线，因为是仓房，老乡们自然不会拉上电了，我们就只得点煤油灯。

到井台去挑水，对于我也是挺难的。不光是我，城里人大多都没练过肩膀，我们就不能像村里人那样挑两大桶水，颤悠悠的很轻松，我们只能两个人抬一桶水。到冬天井台边上都冻成了冰坡，去取水是一件很发愁的事。

最不习惯的是上厕所，村里人一般都在自己院子的角落里围一个过腰的矮墙，紧挨着猪圈。厕所和猪圈底下是通着的，厕所比猪圈高一些。做便池的坑里有个斜坡和猪圈通着。这在当时农村很普遍，从环保角度讲，是生态的自然循环吧，但方便起来确实很不习惯。小便怎么都好，就是在大便的时候，猪会在底下往上蹿，还不停地哼哼。虽然它们上不来，但每次还是很紧张。再就是怕有人来，因为没有门，一直得竖着耳朵听，听到脚步声就赶紧咳嗽一声。村里有些小孩顽皮，一看有我们这些城里人进厕所，就飞快地跑过来，听到咳嗽声也不停下来，害的里面的人像得了痨病似地拼命地咳。

半年不到，又从农村集中到东里满等待分配。徐明在东里满实际上做起了赤脚医生的工作，不仅东里满的乡亲们有病找她，就是邻村的西里满老乡有病也来找她。

1971年9月13号，发生了林彪事件。之后我们这批人被从农村集中到饶阳县城学习，整党整风，“批林批孔”。

1972年，张梦实、徐明在杭州

1972年，河北省想利用我们这批师资，办河北省外语专科学校，在冀县党校筹备了好长时间。这段时间我们都比较轻松，住的是一排排红砖房，条件好多了，也有长途汽车可以直接到，这时我们除了偶尔集中学习文件，也没什么具体的事，工资照发。因为当时我们已经不属于管制对象了，所以行动比较自由，老同事们住在一起，养养鸡，种种菜，十天半个月县城有集市，什么农产品都有。附近的农民打趣地说我们是“穿的破，吃的好，一人一块大手表，买起东西不得了”。我们附近还有个屠宰场，有新鲜的猪肉吃。我们都当起了“文革”中的逍遥派。

1972年暑假，我和徐明还去南方旅游了一趟，当时在中国还不兴旅游，不要说个人，就是团体旅游也没有开始。我们去了上海、南京、苏州、杭州、无锡，绕了一大圈。都是我自己策划的，当时还没有个人旅游服务，我事前策划单凭一张地图和一本列车时刻表，坐夜行列车，白天玩，晚上上车睡觉，住也都是住在小旅馆。这样我们两人走了十来天，才花了三百多元钱。

在周围几个县也有一批早几年下放的知识分子，他们就惨多了，我们和他们比就算很幸运的团体了。他们是“文革”前几年反右运动时，没被划成“右派”但定为有“右倾”思想错误，被领导起了个很微妙的名字叫“边缘人物”，也就是站在了革命群众的边儿上，弄不好就是反革命。所以为了拉他们一把，领导决定开除他们的公职，给一定生活费下放农村改造。这些人一看就知道是被整怕了，总是躲躲闪闪的。有一次在饭馆里碰到几个人，他们买了米饭和炒菜，倒在裤兜里马上走了，一边走一边从兜里抓出来吃。看着那个样子，心里很不是滋味。

我喜欢看戏剧、电影，“文革”期间没得看了，到了冀县城有个小电影院，一个大屋子，摆了一些长条凳。农村影院很热闹，不管开演不开演有说有笑。有抽烟的有吃瓜子的，电影院和茶馆差不多，电影总是灰蒙蒙的，不知道的好像是导演专门把背景设置成了雾天。当时只有很少的几个革命片子才能放，像《地雷战》《小兵张嘎》。按说《永不消失的电波》也是非常革命的，却因是旧社会的名演员也被左派们封了，再有像和革命样板戏《智取威虎山》一样内容的电影《林海雪原》，也被“莫须有”的罪名给枪毙了。我对这个片子有些特殊的感情，因为毕鑫的哥哥在里面当演员。当时记得还有几个进口片子可以演，像阿尔巴尼亚的《多瑙河之波》、朝鲜的《摘苹果的故事》，那是经过多次筛选出来的。

冀县是老根据地，是个很穷的县城。县城里当时车很少，街的中央是一个拿着指挥棒的警察，主要指挥的是骡马车和自行车。有个小动物园，基本上都是农村的鸡鸭、猪羊之类的，唯一的外来物种是两只猴子。当地有个顺口溜是：一个警察看两头，一个公园两个猴。

又过了一段时间，河北省给我们国关这批人分配了工作，我和徐明分在了河北宣化地质学院，这个地方的特点就是风沙大，比较干燥。

1976年是多灾多难的一年，1月8日周总理去世，7月6日朱老总走了，9月9日毛主席与世长辞。唐山大地震又死了几十万人，整个城市都被夷为平地。我们国关分到唐山的几位同事也有遇难的，1976年可以说是多灾多难的一年，也是党开始拨乱反正的一年。

我在这一年里也遇了一点小难，带学生挖菜窖准备冬天储存菜用，挖到一半坑塌了，把我的右腿砸伤了，腿膝关节处骨折，当时宣化医院就要给我打石膏固定，但徐明不同意，要求做小夹板。事实证明，当时如果打了石膏关节就不能正常弯曲了，以后就是残腿了，由于徐明的正确判断和悉心照顾，我的腿恢复得很好，一直到现在跟正常腿一样。

1976年10月6日，“四人帮”被抓起来之后，原来被解散的国际关系学院也开始逐渐恢复，之前的院长于苇等人也陆陆续续地调回北京。我和徐明当然也盼着有一天能调回北京。这时我们家也有了些变化，一个是我们的小女儿从黑龙江建设兵团回来了（当时对知青返城有政策是父母身边无子女的可以回京），另一个是大女儿生了外孙子。“文革”的风波过去了，我们这个曾经分散到五个地方的家，也开始逐渐恢复起来了。

在国际关系学院家中的阳台上

1979年，我和徐明调回北京国际关系学院，徐明仍回卫生所，我回到日西系，可惜老院长于苇已经不在了，院长是王珺。法文后来也并到日西系，并从外交部调来一位外语水平很高的教授齐宗华，她担任研究生班的“报刊课”。国关的老人差不多都回来了。

我是1985年离休的，徐明也和我同年离了休。

再渡东瀛

1985年我和徐明刚离休，就接到松本益雄（伪满时我父亲的秘书官）和泉毅一（在抚顺战犯所被我管教过的战犯）两人邀请我们去日本旅游。他们是代表了两个组织邀请我们，松本代表的是“国际善邻协会”，泉毅一代表“中国归还者联络会”，虽然两个都是民间团体，但背景、宗旨截然不同。

“善邻协会”是伪满时代在中国东北的一些日本企业家、政客们搞的一个高级俱乐部，战败以后协会的很多人回到日本继续做他们的资本家和官僚。表面上是要与周围邻国友好相处，实际上一直高高在上，尤其对新中国一直抱着敌视态度，支持美国搞“两个中国”政策。后来随着中日建交，国际形

1985年，张梦实夫妇在日本。右一为泉毅一，右二为松本益雄

势的变化，才不得不对中国有了些转变。

“中归联”就不同了，会员都是在抗日战争中作为战俘被中国政府教育，宽大处理释放回国的。这批战犯共有一千多人，其中绝大多数是抚顺战犯管理所的。抚顺战犯管理所关押的是在日本投降后被苏联带到西伯利亚的一批日本战犯。在苏联关了五年，1950年移交给中国的。还有一百多人是太原战犯管理所的，他们是1945年日本投降以后，一部分日本军被国民党改编，并用来和解放军作战，被解放军俘虏的有具体战争罪行的日本官兵。在这批归国的战犯中有一部分比较进步的人士，于1957年在日本国内成立了“中归联”，他们顶着社会压力，坚持反对战争和与中国人民友好的宗旨，不断地用他们的亲身经历揭露日本军国主义的战争罪行。

“中归联”的有些人是我在抚顺直接管过的，所以这些人是真心欢迎我。而“善邻协会”只是认为我是张景惠的公子，走走过场。我知道这要花不少钱，他们个人是无法承担的，那经费来源呢？后来才知道我们去的费用主要是靠松本益雄向个人及有关单位募集来的，最后的差额是由日本一大石油公司（出光兴产）会长给补上的。

我们是1985年6月份去的，乘日航到东京成田机场，泉毅一和松本益雄在机场接我们，直接送我们到了住的地方“帝国饭店”。来日本对我们俩人来说是旧地重游，但那已经是四十年前的事了，今天日本变化之大可想而知了。我们到饭店后的第一件事就是主人们让我们看他们为我们安排的活动日程表，征求我们的意见，说不合适还可以提出修改。我们看了看，一共15天，五个地方东京、大阪、箱根、京都、奈良，排序就是这样，五个地方中间是箱根可以稍微休息一下再走。想得很周到，我们认为很适合。当天晚上松本夫妇请我们在“帝国饭店”的中餐厅吃饭。第二天有一个欢迎会，欢迎会是“善邻协会”举办的，很豪华，有不少是日本政治经济的上层人物，不仅有现职官僚、大公司总裁等，还有一些曾在伪满工作过的官僚。有的虽然已经退休但是在日本社会还是很有影响力，比如曾在伪满洲国做过总务厅副厅长的岸信介，回国后曾当过两任日本首相，也出席了我们的欢迎会。欢迎会人倒是不少，但我认识的很少，只是让松本益雄拉着我们一个个地介绍、干杯、寒暄着走走过场。老松本成了欢迎会的主角，使我不由想起四十多年前，在我们家有这种场合也是松本最活跃。

第三天，泉毅一请我们参观了正在离东京不远的筑波举办的“世界博览会”，当时叫“万国博览会”，有77个国家参加，各个国家都拿出自己国家最具有代表性的或在世界上领先的东西来参展，对于我们来说可真是大开眼界，有些东西不仅没见过，过去想都没想过。那次“万博会”，来场的人数是历史上最多的一次，大约有六千多万人。这个记录直到2010年我国的上海“世界博览会”才被打破。泉毅一事先就买好了世博会的票请我们去参观一番，使我印象最深的是那棵无土栽培的结有一万三千个果实的西红柿和一个能为人画像的机器人，它当时还为徐明画了一个像。

最后一天参观了日本广播协会，中午我和徐明又特意到新宿的“中村屋”吃了咖喱鸡饭，这是40年前我们在东京时最爱吃的东西，也是我学生时代能吃得起的最奢侈的料理。日本人本来接受国外的料理很慢，日本料理讲究的是自然、新鲜、原味，而且以大米为主。一天三餐，菜对他们好像不那么重要，只要有好的大米，就最幸福了。正因为他们吃大米所以对咖喱饭接受的非常快。在日本很普遍，很多小馆里都有，因为他们有大米饭，熬上一大锅咖喱，客人来了不用等而且咖喱不怕回锅热，剩下了越热味道越浓，所以咖喱饭到处都是。但中村屋不太一样，是印度咖喱的专门店，它的咖喱饭也要比外面的小店贵上一两倍，味道非常纯正。最使我吃惊的是，四十年过去了，味道一点儿都没变，很熟悉很遥远的味道，使我情不自禁地回忆起过去。

我们俩还特意去我们40年前住过的那个“国际友谊会馆”，它就在离新宿不远的一个叫“代代木”的地方，可惜的是原来的那个“会馆”已经不在了，现在只有两座高楼，后来我才知道，那两座高楼就是我们原来房东的儿子盖的。

我们离开东京就去了大阪，大阪那里也有不少“中归联”的人，他们早就同泉毅一联系好了，我们的行程他们也知道。大阪“中归联”的人特意到东站接我们，并派专人陪同我们参观了大阪的名胜。晚上他们又以“大阪中归联全体”的名义宴请了我们两人。大家有说有笑，又唱又舞非常尽兴。

从大阪去了日本的温泉胜地箱根，待了两天，等于休息放松，箱根果然名不虚传，树很多，又没有什么高的建筑，建筑物之间都有一定距离，在树丛中隐约可见，有些小河纵横其间。我们住的是“出光兴产”的疗养所，没有院墙，院子都是用树木隔着。我们住的一套房间是单独的一栋，带有露天浴池。浴池是用石头砌成的，很古朴。池子里一天二十四小时有温泉水在循环。房间是木结构的，很多地方没有上漆，保持着木制的颜色，很雅致。

吃饭有专人给端到住的房间里来，一样一样的很精致，但都不禁吃，一口就没了。好在品种很多，这一样那一样的也能吃饱。日本料理很讲究外观，小盘小碗，各式各样，料理有凉有热，凉的会在大盘子里放一层冰再放上料理。热的料理会拿个小炉子放到餐桌上，要吃的时候再点火现加热。

本来两天休息的很好，就是老松本闹了一次不愉快，我们一起吃饭，有个女佣人上菜时不小心碰到了什么，还是洒了点什么。老松本马上大发雷霆，不依不饶的，后来还把我端出来说事儿。“你知道吗，这是满洲国总理的公子，是日本国的贵宾，是我亲自把他请来的。”等等，没完没了。我听着很不舒服，但又不好说什么，他是借着我抬高他自己，他战后回国几十年没什么机会耍威风，这次可以让他小满足一下了。

随后我们又去了京都、奈良两个日本的古都，京都是逛“寺”，奈良是看“鹿苑”。在京都，松本陪我们参观一个最大最有名的寺院时，正巧遇到一队结婚的队伍，新娘穿着和服，显得很典雅、漂亮，就是像有什么心事似的总皱着眉。“我们和新娘子一起照个相吧！”松本说着便向结婚的队伍走去，只见他和带队的说了几句，人家就同意了，于是我、徐明、松本三个人和那位新娘一块照了一张相。在我们国家一般是不会有这事的，而在日本这是常有的，特别是一个老人去请求他们，那是肯定会同意的，日本对老者与其说“尊敬”不如说“宽容”更适合。随后我们又逛了岚山，看到纪念周恩来总理的石碑，石碑上刻着一首周总理在日本留学时（1917.9—1919.4）写的诗：

雨中岚山——日本京都

一九一九年四月五日

雨中二次游岚山，

两岸青松，夹着几株樱。

到尽处突见一山高，
流出泉水绿如许，绕石照人。
潇潇雨　雾蒙浓
一线阳光穿云出
愈见娇妍
人间的万象真理
愈求愈模糊
模糊中偶见一点光明
愈觉真娇妍

这首诗是在总理逝世后，1978年由当时的中日友好协会会长廖承志先生挥毫写成的。日本京都府建成石碑后，于1979年4月特邀了邓颖超夫人来日为石碑剪彩。

回国时我们乘坐的飞机是中午起飞。等开到飞机场时，泉毅一和松本两人已经在候机室了，此外他们两位的夫人也来了，泉毅一夫人还送给徐明一条从法国带回来的很漂亮的头巾。我们15天的日本之游结束了。

我们坐在国航头等舱里，窗外是太阳，是浮动着的层层白云。

我随便想着……这次邀请我们来的两位日本人和所代表的人们，反差很大，肯定是因为我们而临时凑到一起的。松本益雄是个日本政界的老政客，而泉毅一是日本最大报纸《朝日新闻》的大记者。两人气质、爱好、性格都各不相同。泉毅一安排我们参观日本广播协会，逛“世博会”了解人类文明成果；而松本益雄拉着我当招牌见议员，见官僚，不停地吃饭、应酬。

40年前我到日本读书，当时是伪满总理的“二少爷”，学校保证人是当时的日本首相东条英机，徐明只有16岁，是张家的“二少奶奶”。我留学中接受了进步思想，参加了革命组织，1943年回国正式开始为我党做地下工作，1945年日本投降我被带到苏联待了五年，1950年从苏联回来在抚顺监狱管理战犯，后又到北京国际关系学院搞教学工作，1985年离休。这次又来到日本，旧地重游……40年绕了一大圈儿。

对日本我印象较深的还是东京，因为它是我最初参加革命的地方，同时也是我同徐明婚后度蜜月的地方。东京还有些地方令我难忘，它们是：早稻田大学的图书馆，神田的旧书店，内山书店，早大附近鹤卷町的那个小咖啡馆。再有就是1985年去日本正赶上筑波世博会，让我很震惊，科学的发展太快了。

日本旅游回来之后，紧接着我和徐明又去了云南、广西旅游。先在云南昆明玩了一下，从昆明去了宣威，看望我母亲和露娜。我回国后得知在我去苏联的五年间，我母亲对徐明母子三人很不好，就和我母亲断绝了来往。在抚顺工作时，我虽然知道我母亲带着小妹露娜在北京生活，也没想着去看她们，后来她们搬走了就断了音信，直到1973年国际关系学院外调的同志找到了她们，才知道她母女俩儿在云南宣威生活，这样才联系上。露娜来过北京两次，提到娘时我的态度挺冷淡的，她也不好多说什么，因为她心里也清楚是娘对嫂子她们母子三人太绝情了，伤了她哥的心。1985年徐明劝我说是再不去的话，可能再也见不着我母亲了，我才和徐明到云南宣威看我母亲，这是我们母子分别四十年后的第一次见面也是最后一面。她是和我妹妹露娜一起到云南宣威的，露娜从北足学校毕业后，可能也是因为出身不好，被分配到

1985年7月，张梦实、徐明和妹妹露娜（左）在云南昆明大观楼公园

了昆明。结婚后随她爱人到的宣威煤矿，她在子弟学校当老师，干得还不错。宣威地方偏僻，生活没有城市便利，但她们也沾了这偏远的光，“文革”中没挨什么整，要不然一个伪满总理的老婆，再加上我母亲自己还当过伪满妇女联合会会长，不被整死也得脱层皮，可我母亲正因为在那儿所以才能颐养天年，活到八十多才去世。

1985年，张梦实的母亲在云南宣威

在全国政协

1990年我68岁那年，经政协委员孙平等人推荐，政协批准，我被增补为第七届全国政协委员会委员。每届任期五年。政协会议组和人民代表大会不一样，人大是按省，市等地区来分，而政协是按工作性质，如教育，财经，文艺等，也就是按“界”来分。我被分在教育界，是一个大组，一个大组又分为若干小组，教育界的人比较多，分为三个小组，每组十几个人。教育界的名人不少，北大中文系王瑶教授、侯仁之教授等都是我们一个大组的。

政协委员的职能简单说就是四个字“参政议政”，如何参政议政呢？主要方式一是小组座谈，口头发言；第二是委员们个人写的书面材料，这些提案由

1992年3月，张梦实（前排左）在第七届全国五次政协会议教育组

政协办事人员负责整理后转交给有关的职能部门；第三是大会发言，这种大会会有各方面的负责人在场直接听取意见或建议。但真能马上改进的很少，有的委员觉得提意见成效不大，王瑶教授用“不说白不说，说了也白说”来讽刺当时的状况。随着改革开放的继续，以后的情况就好多了，中央还出了一些政策规定来保证政协的“参政议政”，比如，要求各级领导对政协委员的提案限期回答，能不能办、什么时候办、办不了为什么等等。

我有一个书面提案是给桂林的，当时我在游漓江时看到游船上都有餐厅，剩饭剩菜和别的垃圾都倒在江里，可能祖祖辈辈就是这么下来的，以前人少，不会对漓江造成太大的威胁，可随着旅游的发展，游人十倍百倍的增长，每天成百吨的剩饭剩菜倒下去，将会对漓江水质造成严重的污染。我建议：可以在游船上吃饭，但垃圾不能倒入江里，要放一个垃圾桶，或者取消船上吃饭这一项更好。后来他们回信说已决定取消船上吃饭了。

政协委员除了开会时吃、住、用车免费以外，没有任何报酬。再有就是每年有一次去外地视察，没有什么具体工作只是下去看看。政协事先列出一个当年可去的几条路线，每条路线的地方名单也都有，如黑龙江、吉林线，上海、安徽线等等，由委员们自己选择，时间大体上是十天左右。所到之处接待规格都是很高的，住的是五星级饭店，由省市政府派专车，指定专人由始至终的陪同，到达后第一顿饭总是由省长或副省长出面宴请，在离开当地的最后一次送别宴会，也是省里的一二把手出面宴请。平时吃饭都在所住的饭店餐厅吃，十个人一桌，我们一个视察团一般是二十五六个人，加上陪同，也就是三桌。这只是前两天，以后三桌就不够了，因为又加上了我们参观过的和准备要去参观的单位领导和陪同。浪费很大，听说以后取消了这种视察。

除了视察，平时政协还有点活动，如每个月在政协礼堂放映一次电影，大部分是市场上尚未上映的新片，《红高粱》我就是在政协礼堂看的。另一个是每月在政协礼堂组织一次购物，主要是穿的吃的，质量有保证，而且是出厂价，比市面上要便宜一些，也不限量，这在当时物资还不太丰富的年代，可是一个不小的特权。大概因为条件关系，这种活动只有在北京的委员们可以享受到，外地一般没有这种活动。不过我听说，现在政协也没有这些活动了。还有就是委员们可以看到《大参考》，这是有别于一般老百姓看的叫《参考消息》的小报，《大参考》的版面要比《参考消息》大一倍，最主要的是不公开发行，是只供高级干部看的内部报纸。

我进政协时还有个意外的熟人——末代皇帝的弟弟溥杰，因为在苏联曾一起被关押过一段，所以比较熟。当时他成了名人，有一些日本的外事活动，更多的是地方上请他题词写招牌，很多店铺都有他题的匾。一时间很抢手，尤其多的是饭店，据说他对吃挺有研究，家里儿女们都让我去请他写几个字，我不觉得他的大字写得好，小楷还有些功夫，本想有机会请他写几个字，但拖下来他的人也不在了，成了憾事。

最后想到的

回忆往事，历数走过的路程。像我这样一个出身于封建剥削家庭的人，能走到革命队伍中来，又加入了共产党，原因固然很多，但我想其中最主要的还是接受了马克思主义，树立了正确的革命人生观。当然这对任何一个革命者都是重要的，不过对像我这样出身的人来说，恐怕应该在“重要”两个字的前面再加一个“更”。因为我们这样的人，从原来的生活和思想方面讲，既无革命的迫切感，又无无产阶级出身的那种朴素的阶级感情。因而我们如不加倍努力学习马克思主义，改造世界观，就不可能彻底背叛自己的家庭，背叛剥削阶级，就不可能走向革命。道理很简单，既然人的思想是由一定的物质基础决定的，那么没有无产阶级的出身，没有革命的物质基础，要想革命，就只有好好学习马克思主义，从理论上、世界观上弄清革命的道理，世界发展的必然，才能实现这些思想感情上的大转变。

回过头来看我这一生，可以用十个字来概括：“出身不由己，道路可自寻。”

张梦实和徐明获得的抗战胜利60周年纪念奖章

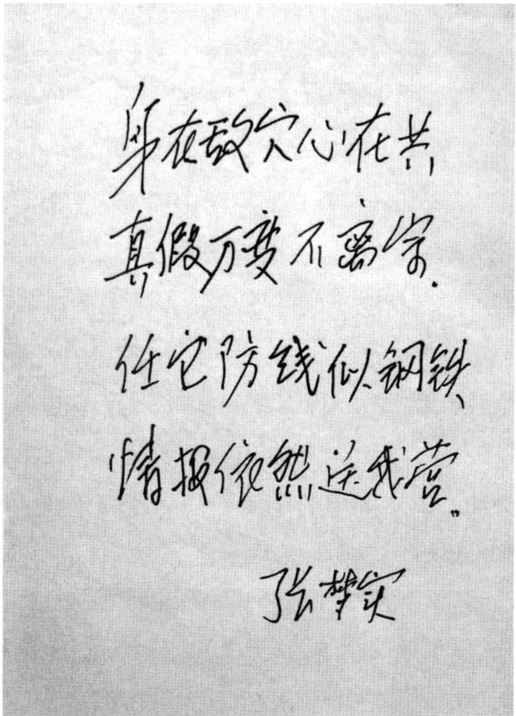

（附录）纪念我们的父亲

张莉　张放　张新

父亲很早就参加了地下工作，由于家庭出身的原因，长期接受党组织的考验，虽然早期一直没能实现入党的愿望，但他始终没有动摇过。凭着坚定的信念，为了完成党交给的各项任务，不惜冒着生命危险。

1945年日本投降时，苏联红军进入东北，因为父亲的俄语好，党组织派他去和苏军联系，并为苏军提供一些情报。当时形势还很乱，不光有“满洲国”的势力，还有国民党的各种势力，所以我们党还不能公开，党组织让我父亲以一个进步青年的名义去给苏军送情报。送了几次情报后，有一次苏军的情报联络官让我父亲在一个预备好的纸条上签字，上面写着，如果情报不属实，甘愿接受军法处置——枪毙。父亲后来跟我们说，当时他也很害怕。他收集的情报是准确的，但其他同志收集来的情报万一不够准确，那他就可能会被枪毙。但当时也没有别的选择，只能靠对组织的忠诚和对同志们的信任，为了完成任务签了生死状！这是一种崇高的精神，为了党为了人民敢于牺牲自己的生命。

日本投降后不久，伪满洲国的大臣们都想尽快溜走。在这紧急时刻，父亲及时把这个情况报告给了党组织和苏军。苏军马上决定抓捕这些大臣们，党组织派我父亲带着苏联红军去抓。苏军抓到人后要用飞机把他们送到苏联去。没想到的是，在他们登机后又强迫我父亲一起也上了飞机。当时苏军根本不听我父亲的解释，坚决把他也带走了，连要求和家里联系都没有被允许。苏军当时也不解释为什么要这样做。

就这样，父亲被苏军带到苏联收容所里待了五年。当时家里有年轻的妻子、两岁的儿子和刚出生的女儿。父亲五年间没有一天不在想着自己的家、妻子和一双儿女，同时也想念一起做地下工作的同志们、朋友们。他走时不光没给家里打招呼，连跟组织和同志们也没机会报告。突然没了组织，没了家庭，五年来的思念和烦恼一直缠绕着他。他曾多次向苏军提出让他回国，开始苏军不理他，后他们提出只要我父亲答应为苏联工作就可以派他回国去大连。父亲犹豫了好几天，当时苏联是中国革命的榜样，是老大哥，替苏联做工作也是革命工作，而且可以与家人团聚，也说得过去；但后来又想到自己已经有了组织，没有任何交代就离开组织是不行的，这是长期做地下工作的纪律。最后他决定还是待在收容所，等待回归党组织。我们想这就是对党的忠诚！

父亲出身于一个特殊家庭，但他出污泥而不染，居功而不自傲。他是一个有情有义、淡泊名利、低调生活的人。

父亲的兴趣很广泛，尤其在文学方面。从小家里为他请了好几位家庭教师，其中有一位是进步的青年，光教他学习还介绍他看了不少进步书籍。父亲说这些书籍是他最初的启蒙。家里还给他请了一位俄语教师，对他影响也很大。最初他去日本早稻田大学留学时选择的就是俄罗斯文学专业，后因日本取消了这个专业没上成。后来他在西伯利亚收容所里也没间断过看书。他跟我们说，每个战犯根据不同的级别会发给不等的零花钱，他的钱基本上都买书了。“文革”前我们家有很多原版的俄文书，像马恩全集、高尔基全集等，都是精装的，价钱很贵。当时家里有四个孩子，经济并不富裕，父亲就一个月买一本或者两个月买一本，把一套书凑齐了就会很高兴。到了晚年，他还办理了中关村图书大厦的购书卡，几乎每个月都要去书店。他读书不走马观花，而是反复地阅读并加以圈点，还会把好的段落摘抄下来，读书笔记有好多本。他还能动笔写剧本、诗歌、散文等，也曾经给不少报社杂志社投过稿，虽然发表的不多，但他锲而不舍。

除了爱看书，他还爱看戏剧。尤其是“人艺”的传统剧目《茶馆》《祥林嫂》《骆驼祥子》等，他都不止看了一遍。京剧他也很爱看，平时还能哼哼两句。西洋的他最爱看芭蕾舞。他还喜欢看各种美术展览。

父亲身体不太好，不过他挺爱运动的。早年在东北，家里给他请了滑冰教练，他花样滑冰很好。记得我们刚来北京的时候，他带我们到颐和园冰上去玩儿，他滑起花样来，经常引来不少人围观。他中学时候打排球，“文革”前还是国际关系学院教工排球队的。

他很少喝酒，烟也早就戒了，但他喜欢喝茶，而且很懂茶。记得小时候我们都不愿意喝茶，他就在星期日或者过节的时候给我们沏红茶，而且要放方糖和鲜柠檬。当时这些东西不是很好买，他会全北京城去找，没有鲜柠檬他就不沏，我们央求他，他说做不出正宗东西来还不如不做。他是个办什么事都很认真的人。提到喝茶，还有件趣事。刚改革开放的时候，他从晚报上看到南方茶叶产地的师傅来北京商场现场表演制茶，就起了个大早，商场一开门，他第一个进去了，结果买了二两新茶回来。我们都笑话他好容易起个大早，才买了这么点回来。他说你们不懂，现场看着师傅一点点炒，一点点用手揉出来的这个过程是很难得的，主要是为了看这个。新茶就要喝新茶的味道，买太多放久了就不是新茶了。他喝茶要去张一元茶叶店买，那时候茶叶店都是用纸包的，他怕买了后跑味儿，每次都自己带着茶叶罐儿去。

父亲做人很低调，淡名利。父母1985年受日本友人邀请去日本，回国除了带回一台彩电和他们自己买的衣服外，别人送的不少东西，他一概交了公，有些东西还是当时挺紧俏的商品。日本友人为邀请他们去还筹集了不少钱，访问结束后还剩了一百多万日元，日本友人要送给他，被他拒绝了。他把这个事情汇报给组织。

早先有企业想让我父亲出来挂个名当顾问，也不用去坐班，想去了就去，照发工资，在当时待遇还是很高的，但父亲回绝了。早些年还有老家来了好几拨人，想让父亲牵头要回老家的房子，父亲拒绝了，并表示，自己不会牵这个头，更不想要老家的房子，包括自己的子女今后也不会去要。

父亲走革命道路背叛了家庭，但对他自己的父亲能够正确对待。在他的自传里也提到了，感谢他父亲养育他，并为他提供了良好的教育；但对他背叛祖国当汉奸是不能容忍的，需要斗争，斗争的方式就是利用这个特殊家庭为掩护做党的情报工作。父亲在西伯利亚和我爷爷他们关押在一起。当时我爷爷年纪大了，不能出去劳动。他曾经给我们讲过，在西伯利亚那五年没有什么菜吃，他们在外头劳动收获了洋白菜，就把菜根挖回来，削了皮切成片蘸酱油给我爷爷当菜吃。1956年特赦战犯，我爷爷已经八十多岁了，身体也不好。我们后来问父亲，当时怎么没把爷爷接出来呢？父亲告诉我们：当时他在管理所当教官，所里领导通知他可以将我爷爷接出去。但当时家里情况实在是不好，只有一间半宿舍，四个孩子都还小，他和母亲都上班，没人照顾老人。爷爷在管理所，住的是病号房，吃的是国家定的标准，据说是周总理为了做好战犯改造工作，特批给战犯的伙食标准，比一般人要高得多。同时，管理所卫生室还有几个专门的医生负责给他们看病治疗。当时我家的伙食、医疗都没法和管理所比，所以父母商量着为了老爷子好，就不接他出来了。1956年父母奉命调北京工作，临走时去看望了我爷爷。我爷爷1959年死于抚顺战犯管理所，后来父亲说要把老爷子接出来肯定活不了那么长。

父亲是官僚家庭里的大少爷，按说想娶什么样的千金小姐都不成问题，但他硬是爱上了家里的丫鬟。当时家里知道后都强烈反对，但他经过多次抗争胜利了。他八十多岁时，跟我们提起这段抗争，还热泪盈眶的，从没见过父亲这么激动过。正是这段来之不易的感情，让他们几十年如一日，结婚七十多年来都相濡以沫，相互扶持。特别是我母亲七年前摔坏了腰，站不住走不了，只能坐轮椅，有时大小便还失禁，父亲就承担起伺候母亲的责任。我们说要给母亲请长期保姆，或者白天我们帮帮他伺候母亲，晚上我们也提出想换他，但他始终坚持自己做，喝水喂药换尿布翻身等，对一个年近九十的老人来说该是多繁重的劳动！就这样一直坚持到他92岁去世。为了照顾母亲，他也就不出门了，图书馆、书店、电影院什么都免了，还挺乐观地称自己是“宅男”。父亲本来不怎么喜欢坐飞机出去旅游，可在90岁的时候，为了满足母亲的愿望，还是陪着母亲坐飞机去了趟大连。

父亲从小就教育我们做人要正直，做事要认真。父亲话不多，但是他经常用自己的行动来教育我们。“文革”期间被下放，家里六口人分了五个地方。四个孩子除了大哥留在北京，剩下的被下放到河南、山西、东北，他们老两口也下放到河北农村。当时全国物资都比较缺乏，父母心疼我们几个在外地的孩子，就由母亲定期从北京买挂面、香肠和奶油糖等回来，再由父亲分成三份，骑车二十多公里的土路到镇上邮局给我们邮出去，几乎是每月一次，风雨无阻。那些年，不知道父亲为给我们寄东西在土路上摔过多少次，现在想起来心里还感动。

父亲是个很内向的人，平常很少和外人聊天，但他给学生讲党课时如同换了一个人，讲得非常生动，很多学生都很喜欢听他讲课，敬重他学识渊博，讲课有深度。在学院里我母亲的人缘很好，认识她的人很多，但知道父亲的人很少。可是在他去世时，八宝山追悼会当天来了很多人，好多来晚的人都没进去。这是我们家人没想到的！父亲能得到了这么多人的敬重和爱戴，我们做子女的为有这样的父亲而感到骄傲！